차근차근
사계절 자수

일러두기
책에서 사용한 펠트 원단은 모두 무수지입니다. 도안은 복사해서 사용하면 편리합니다. 자수 실은 DMC사의 실을 사용했습니다.

이 도서의 국립중앙도서관 출판예정도서목록(CIP)은 서지정보유통지원시스템(www.seoji.nl.go.kr)과 국가자료공동목록시스템(http://www.nl.go.kr/kolisnet)에서 이용하실 수 있습니다.

차근 차근
사계절 자수

버튼티

Prologue my Story

자수를 시작하고 개인 작업을 함과 동시에 14년 겨울을 시작으로 지금껏 오프라인 자수 수업으로 많은 분들을 만나왔습니다.

수업을 진행하면서 저 스스로에게 주는 압박감과 새로운 도안에 대한 욕심은 저에게 좋은 자극을 주었고 그 원동력으로 도안을 하나둘 만들다 보니 어느덧 햇수로는 3년째 도안을 만들며 수업을 틈틈이 진행해 오고 있네요. 아직도 기억이 생생한 첫 수업을 준비하면서 재료 준비와 커리큘럼, 모집과 홍보 등 익숙지 않은 것들을 혼자 진행하며 우여곡절도 많았고, 낯을 가리는 성격 때문에 수강생분들을 어색하지 않게 잘 응대할 수 있을까, 말을 잘할 수 있을까, 쉽게 설명할 수 있을까 등등 기대감보다는 더 큰 걱정을 안고 시작했던 기억이 납니다.

사실은 지금도 수업의 첫날은 항상 두근거리지만 이제는 초반과는 달리 걱정보다는 기대감이 앞서게 되었어요.

이 책에는 수업 때 진행한 도안이 꽤 많은 비율을 차지하며 거의 매달 많은 고민과 스케치, 샘플 과정을 거쳐 나온 저의 취향과 욕심이 가득 담긴 작업들이 수록되어 있습니다.

수업처럼 도란도란 이야기는 나누지 못하지만, 같은 취미를 함께 즐기고 저의 책이 여러분의 소소한 취미에 도움이 되기를 바랍니다.

그리고 이 기회를 빌어 꼭 말씀드리고 싶어요. 지금껏 저와 함께 해주셨던 분들, 현재 진행형인 인연들, 아쉽게도 수업은 함께하지 못했지만 저의 도안을 좋아해 주시고 관심 가져주시는 분들께 감사드립니다.
정말루요! :)

Contents

Prologue　　　　　　　　005

실로 그린 나만의 시간과 공간

자수도구　　　　　　　　014
자수의 기초　　　　　　　016
기본 스티치　　　　　　　020

사계절 자수 수업 차근차근 따라하기

캠프파이어　　　　　　　040
포도 쟁반　　　　　　　　044
질문 있어요　　　　　　　048
도안 보는 방법　　　　　　049

1

It's Spring

봄 제비　　　　　　　　　052
캣하우스　　　　　　　　054
가드닝-파란장화　　　　　056
가드닝-장갑　　　　　　　058
가드닝-도구　　　　　　　058
가드닝-화분　　　　　　　059
가드닝-물뿌리개　　　　　059

가드닝-씨앗	060
봄 꽃밭	062
핸드타이 플라워	064
해피뉴이어	066
도안 디자인	068

It's Summer

여름 백로	078
캠핑파우치	080
핑크 파인애플	082
훌라걸	084
아이스크림삼총사-블루콘	088
아이스크림삼총사-레드컵	089
아이스크림삼총사-핑크컵	090

Contents

포도 쟁반　　　　　091
도안 디자인　　　　092

It's Autumn
가을 다람쥐　　　　100
가을 소품　　　　　102
양말 한쌍　　　　　103
캠프파이어　　　　　104
난로　　　　　　　　105
온더테이블　　　　　106
가을 들판　　　　　108
동글이 도토리　　　110
Congratulations　112
도안 디자인　　　　114

Winter's coming

겨울—잎사귀	122
겨울—별	122
겨울—캔디케인	123
겨울—골든벨	123
메리 크리스마스	126
겨울 풍경	128
winter bell	130
겨울 숲	133
해피 홀리데이	134
도안 디자인	136

실로 그린 나만의 시간과 공간

자수 도구/자수의 기초/기본 스티치

자수 도구

자수 수업에 필요한 도구들을 소개해요.

1 자수바늘
자수바늘은 바늘귀가 큰 것이 특징이며 번호가 커질수록 바늘이 작아집니다. 원단의 두께와 실의 굵기에 따라 바늘을 선택합니다. 두꺼운 원단 3, 4호(실 5, 6가닥) /보통 원단 5, 6호(실 3, 4가닥)/얇은 원단 7~10호(실 1,2가닥). 클로버사 바늘 기준입니다.

2 수틀
수틀은 수를 쉽게 놓을 수 있도록 원단을 팽팽하게 잡아주는 역할을 합니다. 일반적으로 많이 쓰이는 원형 나무 수틀은 크기와 나무 종류에 따라 다양합니다. 수틀은 도안보다 큰 크기의 것을 선택합니다. 가지고 있는 수틀이 도안보다 크기가 작을 때는 부분적으로 옮겨가며 수를 놓습니다.

3 가위
재단 가위
수놓을 원단을 자를 때 사용합니다. 재단 가위로는 원단만 자르도록 합니다.

자수용 가위
끝이 가느다란 것이 사용하기 편리합니다. 엉킨 실을 정리할 때나 마지막 정리할 때 세밀하게 자를 수 있습니다.

4 원단용 풀
자수 작업 마무리 후 움직이는 매듭이니 정리하기 힘든 짧은 실들을 고정시킬 때 사용합니다. 원단과 원단을 서로 붙일 때도 사용할 수 있습니다.

5 올풀림방지액
원단을 자른 후 올이 더 이상 풀리지 않도록 고정시킬 때 사용합니다. 투명한 액체이기 때문에 어두운 원단에 사용해도 흔적이 보이지 않습니다. 다만 손으로 만지면 딱딱한 느낌이 들 수 있습니다.

6 초크페이퍼(자수용 복사지)
도안을 원단에 옮길 때 사용합니다. 원단 위에 초크가 묻은 면이 닿도록 올려놓은 후 그 위에 도안을 대고 덧그립니다. 레드, 옐로우, 그린, 화이트 등 다양한 색상이 있습니다. 원단의 색상에 맞춰 도안이 잘 보이는 색상으로 골라서 사용합니다.

7 트레이싱페이퍼
스케치한 도안이나 책에 있는 도안을 옮길 때 사용합니다. 크기와 두께가 다양합니다. 두꺼운 트레이싱페이퍼는 바로 위에서 철필이나 볼펜으로 그려도 찢어지거나 뚫리지 않아 편리합니다.

8 볼펜
철필과 같은 용도로 사용합니다. 연필로 대체할 수 있습니다.

10 자수용 수성펜
원단에 직접 도안을 그릴 때 사용합니다. 펜 끝이 뾰족하기 때문에 세밀하고 정확하게 그릴 수 있으며, 물에 쉽게 지워지므로 편리합니다.

11 자수 원단
수를 놓는 원단은 신축성이 강하거나 너무 얇은 원단은 피하는 것이 좋습니다. 수를 놓기 전에 원단을 한 번 세탁해 말린 후 다림질을 해두면 원단의 변형을 막을 수 있습니다.
tip 수를 놓을 때는 30수, 40수, 50수 정도의 원단을 추천합니다. 숫자가 커질수록 얇은 원단입니다. 수를 놓기 전에 알맞은 두께의 원단을 선택합니다.

12 자수 실

25번 자수 실
이 책에서는 면사인 DMC 25번 자수 실을 주로 사용했습니다. 일반적으로 가장 많이 사용하고 있으며, 어느 수예점에서나 구하기가 쉽습니다. 25번의 표기는 실의 굵기를 나타냅니다. 실의 색 번호는 바코드 아래에 표기되어 있으며 총 6가닥의 실이 하나로 모여 있습니다. DMC 이외의 제조 업체로는 코스모, 올림푸스, 앵커 등이 있습니다.

그 밖의 자수 실
5번 자수 실, 4번 자수 실, 3번 자수 실, 8번 자수 실, 리넨 실, 이펙트, 25번 그라데이션 실 등이 있습니다.

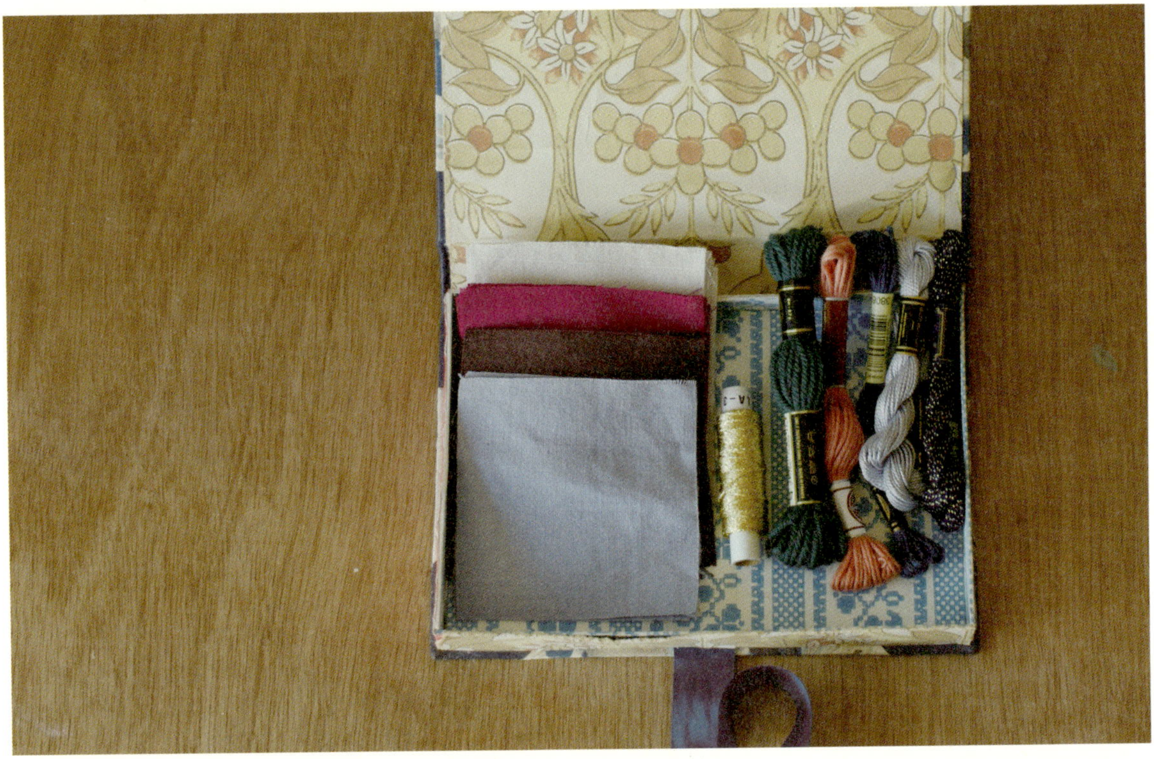

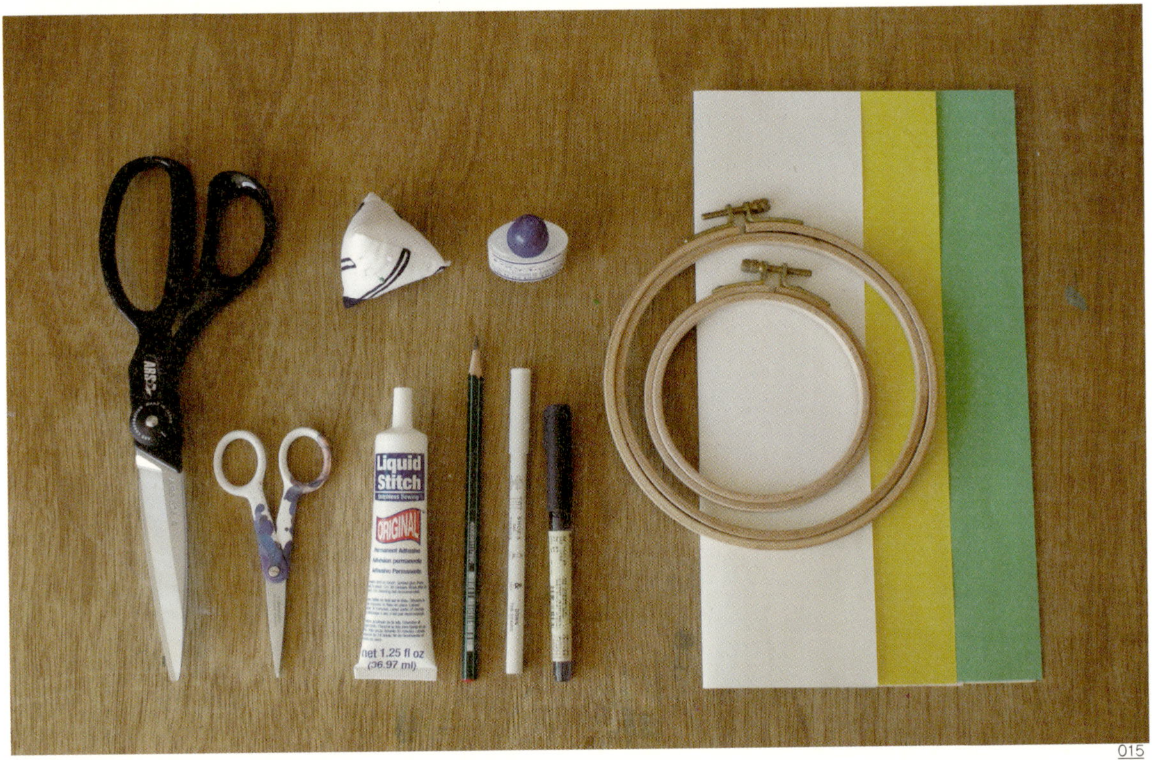
Liquid Stitch
ORIGINAL
net 1.25 fl oz
(36.97 ml)

자수의 기초

자수의 기초와 기본을 잘 배워보아요.

자수 실 빼고 바늘에 끼우기

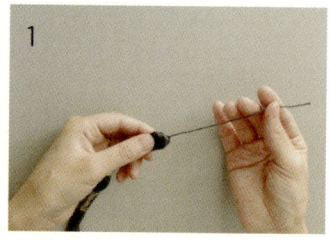

1
실의 번호가 있는 라벨 부분을 잡고 안에서 실을 40cm 정도 잡아당겨 빼낸 후 자른다. 필요한 길이만큼 잘라 사용한다.

2
자른 실의 윗부분은 꼬여 있기 때문에 손가락으로 톡톡 눌러 벌려준다.

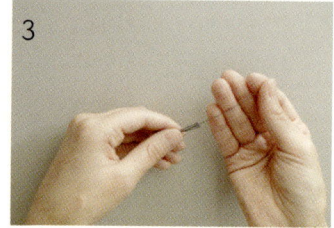

3
실을 한 가닥씩 빼낸다. 이때 뽑아내는 실이 다 빠져나갈 때까지 왼손으로 여러 겹의 실을 꼭 잡고 있는다.

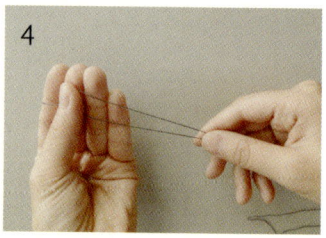

4
필요한 가닥 수만큼 뽑아서 모은다.

5
빼낸 실은 끝을 가지런히 정리한다.

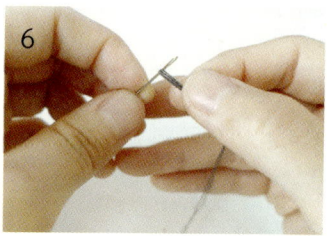

6
정리한 자수 실 끝을 바늘귀에 대고 반으로 접는다.

7
접힌 부분을 바늘귀에 밀어 넣는다.

8
자수 실을 빼낸다.

자수 실 매듭짓기

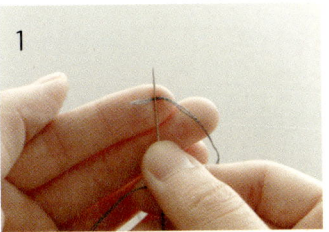

바늘에 실을 꿴 다음, 검지 위에 실의 긴 쪽을 올리고 바늘로 누른다.

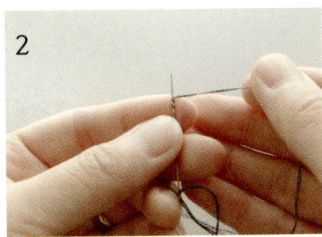

바늘에 실을 1~2번 정도 감는다.

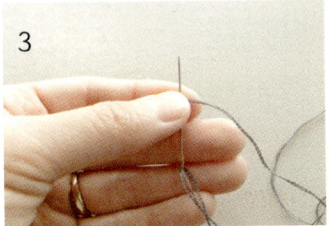

감은 실을 손가락으로 누른다.

다른 손으로 바늘을 잡고 실을 당겨 끝까지 빼낸다.

실 보관하기

실은 보빈이라는 실패에 감아 두면 엉킴 없이 깔끔하게 보관할 수 있습니다.

라벨을 빼내고 가운데에 손을 넣어 실을 잡는다. tip 라벨을 분리하지 않고 조금씩 빼내면서 감아도 된다.

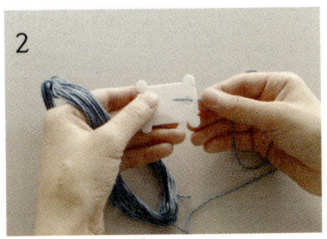

실의 끝부분을 보빈의 구멍에 통과시켜 건다.

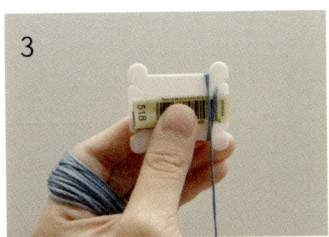

라벨의 번호가 보이도록 보빈에 올린 후 실을 감는다. 보빈에 색 번호를 직접 써도 되지만 라벨을 같이 감아주면 번호가 보여서 좋다. 다 쓴 후 다른 번호의 실을 감아 재사용할 수도 있다.

실의 끝을 한쪽 홈에 걸어 마무리한 후 보관한다.

자수의 기초

자수의 기초와 기본을 잘 배워보아요.

도안 옮기기

1
종이에 그려진 도안 위에 트레이싱페이퍼를 올리고 연필로 따라 그린다.

2
원단과 트페이싱페이퍼 사이에 초크페이퍼를 넣은 후 시침핀으로 윗부분을 고정한다.

3
철필이나 볼펜 등으로 도안을 덧그린다.

4
잘 옮겨지지 않은 부분은 자수용 수성펜을 사용하여 수정한다.

수틀 사용하기

1
수틀의 안쪽과 겉쪽을 분리하고 원단을 안쪽 수틀 위에 올린다.

2
원단을 수틀의 중심에 오게 맞춘 후 겉쪽 수틀을 끼운다.

3
위의 나사를 조인다.

4
원단이 팽팽하게 당겨졌는지 확인한다.

자수 시작하기

도안으로부터 바늘 길이의 2배 정도 떨어진 위치에서 시작한다. 면과 선 수놓기에 공통적으로 적용된다.

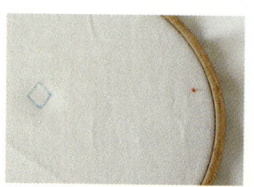

자수 마무리하기
선의 마무리

1. 끝난 부분에 바늘을 바짝 붙인다

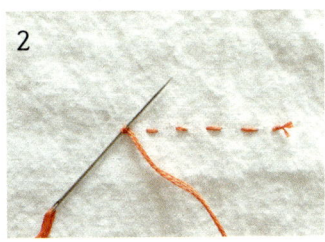
2. 실을 바늘에 감는다

3. 감은 부분을 손으로 누른 후 바늘을 당겨 빼낸다.

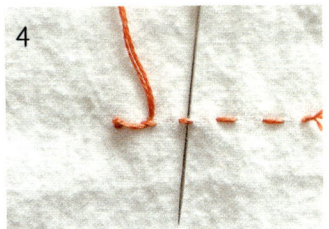
4. 수놓은 뒷면을 위 아래로 통과시켜준다.

면의 마무리

1. 끝난 부분에 바늘을 바짝 붙인다.

2. 실을 바늘에 감는다.

3. 감은 부분을 손으로 누른 후 바늘을 당겨 빼낸다.

4. 수놓은 뒷 면을 지그재그로 랜덤하게 2~3번 통과시켜준다.

기본 스티치

이 책에 사용한 기본 스티치를 소개해요.

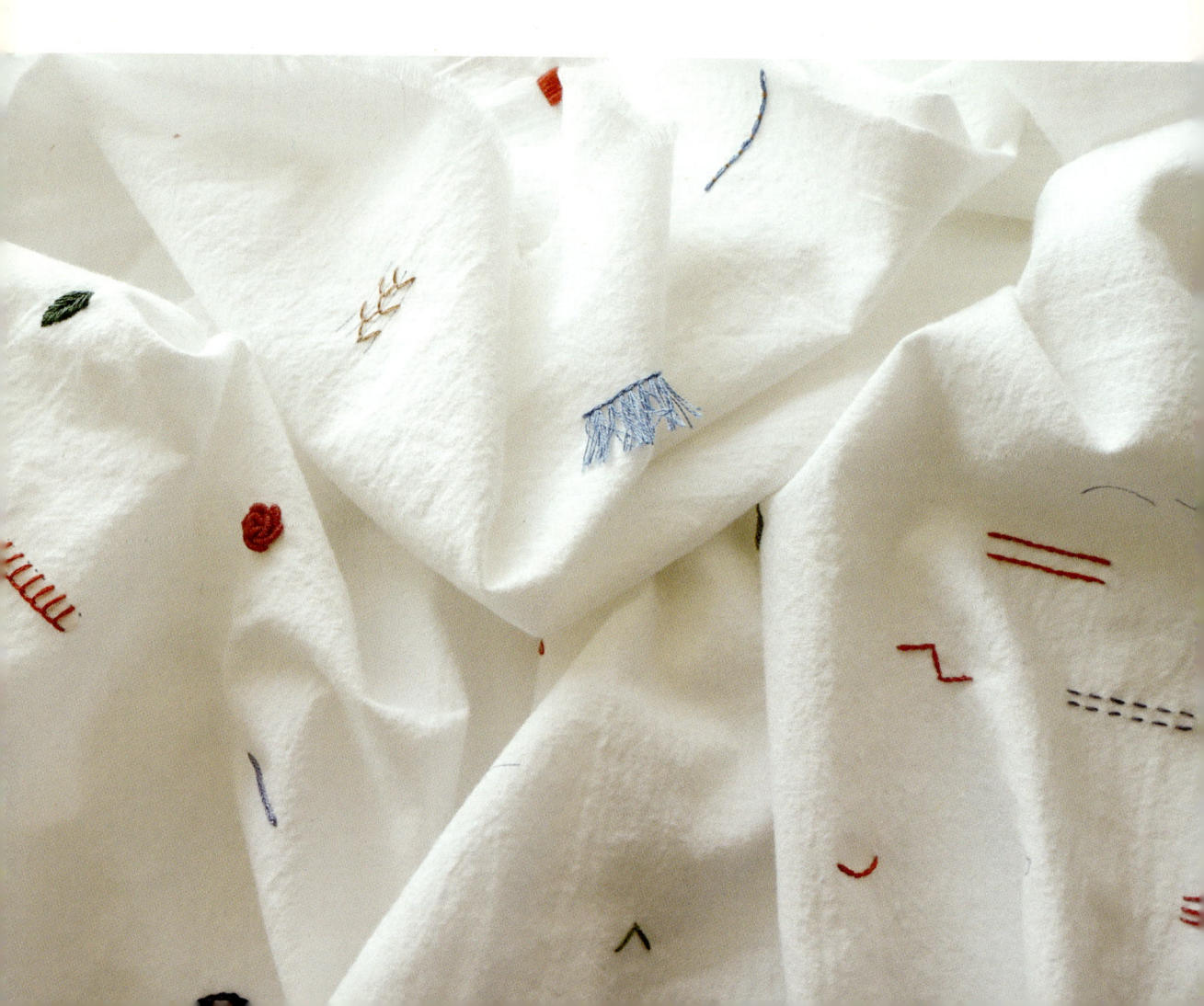

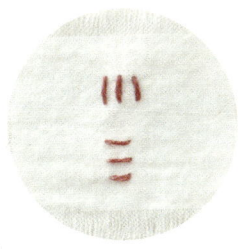
스트레이트 스티치

한 땀으로 수놓은 스티치. 연결해서 수놓을 경우, 1번에서 나온 후 2번과 3번을 연결하여 빼낸다.

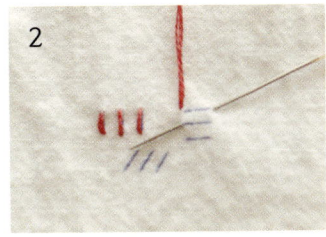
나란히 같은 방향으로 수를 놓는다.

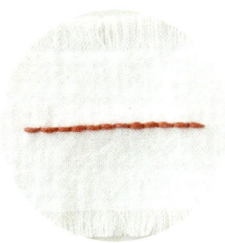
아웃라인 스티치

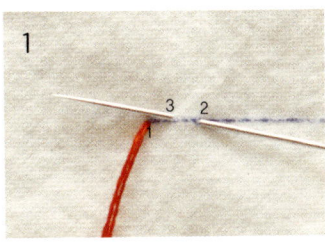
1번에서 나온 후 2번 3번을 연결하여 빼낸다.

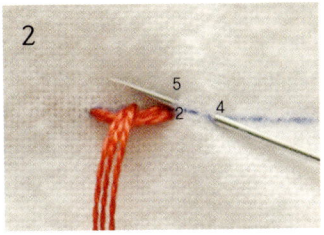
2번 옆 반땀 자리에 4번을 꽂고 5번에서 빼낸다. 과정을 반복한다.

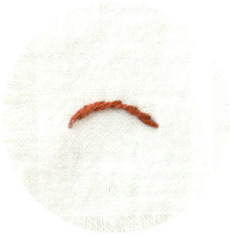
아웃라인 스티치-곡선

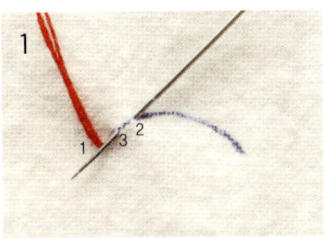
1번에서 나온 후 2번 3번을 연결하여 빼낸다.

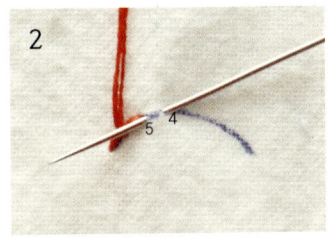
2번 옆 반땀 자리에 4번을 꽂고 5번에서 빼낸다.

연속해서 수놓는다. 기본 아웃라인과 다른 점은 비스듬한 선이 아래로 쌓여서 진행된다.

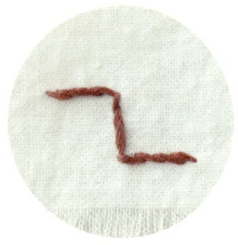

아우트라인 스티치-직각

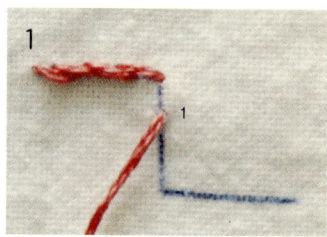

한 땀 아래에서 1번을 빼낸다.

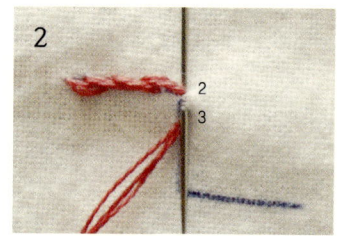

먼저 수놓았던 직선의 끝과 같은 홀에 2번을 넣고 3번에서 연결하여 빼낸다. 다른 각도로 변경 시 앞과 동일하게 진행한다.

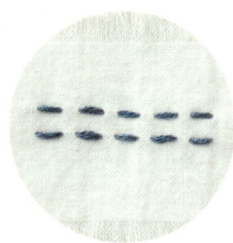

러닝 스티치

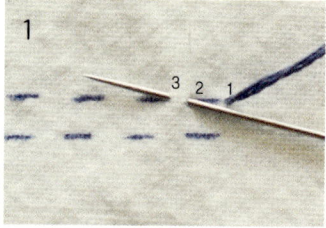

1번에서 나온 후 2번, 3번을 연결하여 빼낸다.

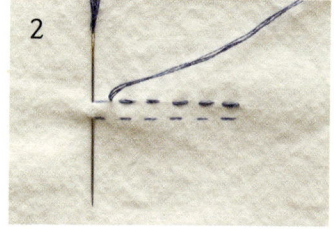

단을 바꿀 시 사진과 같이 연결하여 빼낸다.

새틴 스티치

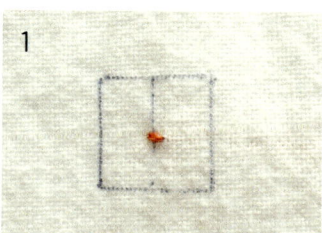

면의 한가운데에 작은 스트레이트 스티치를 놓는다. **tip** 가운데에서 시작할 경우 시작 매듭을 숨길 수 있다.

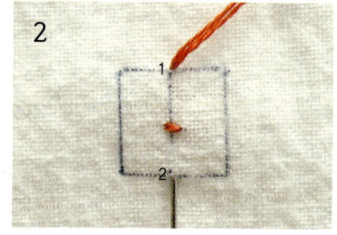

1번에서 빼낸 후 2번으로 들어간다

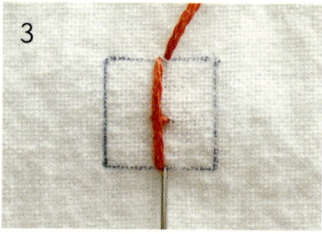

원단이 보이지 않도록 첫 땀의 바로 옆에서 빼낸다.

한쪽 면을 다 채운 후 다시 중심으로 나와 반대쪽을 채운다.

카우칭 스티치

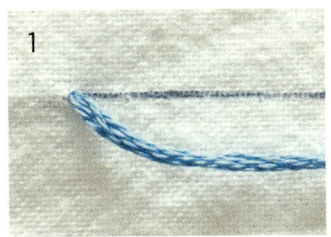

베이스가 될 실을 빼낸다.

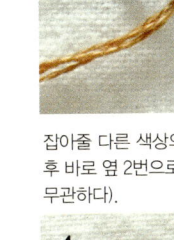

잡아줄 다른 색상의 스티치를 1번에서 빼낸 후 바로 옆 2번으로 넣어준다(같은 홀이어도 무관하다).

같은 방법으로 베이스를 고정해 나간다.
tip 잡아주는 실의 간격이 일정할수록 정리되어 보이나, 모서리나 급격한 곡선에서는 조금의 간격 조절을 해준다.

베이스의 실을 넣고 마무리한다.

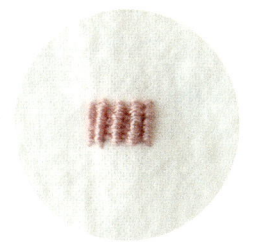

오픈 휘프 스파이더 웹 스티치

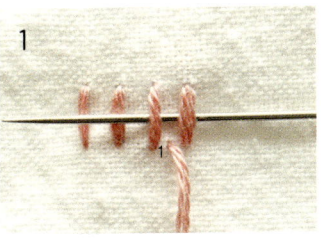

스트레이트로 심을 만들고 1번에서 빼낸 후 사진과 같이 바늘을 빼준다.

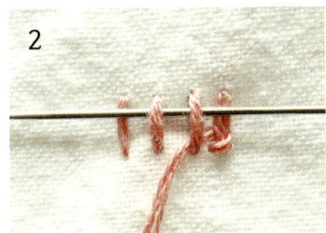

두 번째 심도 같은 방법으로 진행한다.

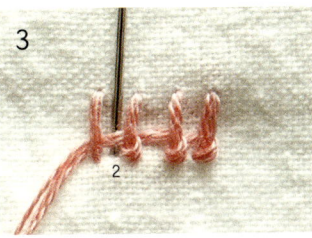

마지막 심을 감아주며 2번으로 넣어준다.

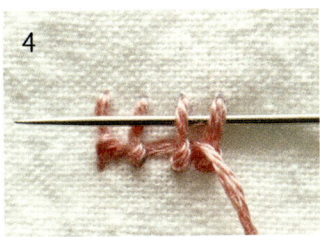

다음 단도 같은 방법으로 진행한다.

백 스티치

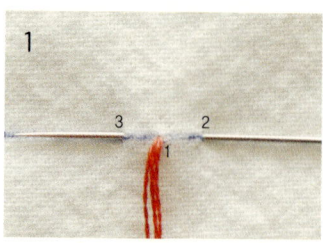

1번에서 나온 후 2번(스케치의 시작점)으로 되돌아가 바늘을 꿰어 3번에서 빼낸다.

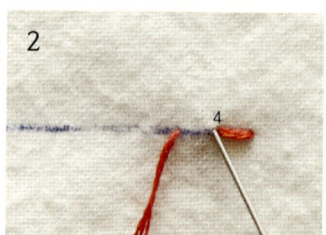

첫 땀과 같은 방법으로 오른쪽에서 왼쪽으로 반복해서 수를 놓아간다. 4번을 1번과 같은 홀에 넣는 것이 중요하다.

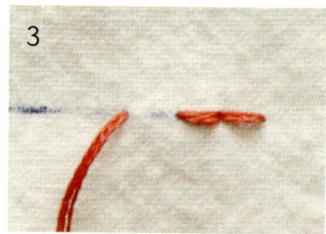

계속 연결하여 수놓는다.

휘프드 백 스티치

1번에서 나온 후 백 스티치 두번 째 땀 아래를 통과하며 감아준다.

반복해서 통과시키며 감아준다.

마지막은 통과시키지 않고 사진과 같이 넣어준다.

스플릿 스티치

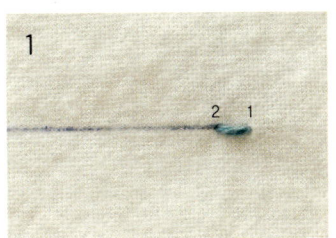
1번에서 빼낸 후 2번으로 들어간다.

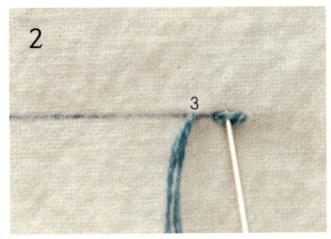
3번(반땀)에서 빼낸 후 첫 땀의 가운데를 가르며 들어간다.

최대한 가운데 넣어주는 것이 중요하다.

플라이 스티치1

1번에서 나온 후 평행한 2번과 아래쪽 3번을 연결한다.

3번에서 나온 실을 아래 방향으로 당긴 후 4번으로 넣는다.

플라이 스티치2

가운데 스트레이트 스티치를 한 땀 수놓고 플라이1을 수놓는다

4번으로 넣어 다음 땀 길이만큼 내려가 넣어준다. 앞의 과정을 반복한다. **tip** 앞 땀과의 자연스러운 연결이 중요하다.

025

플라이 리프 스티치

스트레이트 스티치로 한 땀을 뜬다. 스트레이트 스티치의 길이가 플라이스티치 각도를 결정한다.

플라이 스티치1을 수놓는다.

외곽 스케치를 따라가며 플라이 스티치를 반복한다.

일정한 간격을 유지하며 수놓는다.

체인 선 스티치

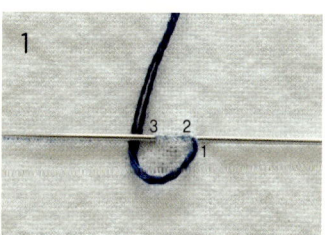

1번에서 실을 빼낸 후 바로 옆에 2번과 3번을 세로로 연결한 뒤 1번에서 나온 실을 바늘 뒤로 넘긴다.

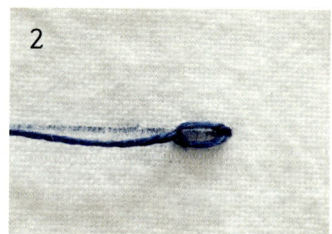

그대로 바늘을 뽑아낸다.

1번의 과정을 반복하며 수놓는다.

둥그런 부분을 넘겨 짧은 땀으로 고정시킨다.

체인 원형 스티치

기본 체인 스티치 방법으로 수놓는다.

마지막 한 땀이 남았을 때 첫 땀의 아래를 통과시킨다.

마지막 체인의 고리 안으로 넣어준다.

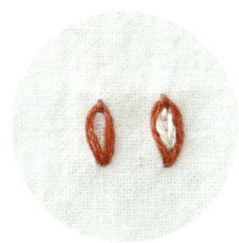

레이지 데이지 스티치
더블 레이지 데이지 스티치

1번에서 실을 빼낸 후 바로 오른쪽에서 2번과 3번을 세로로 반쯤 걸고 실을 바늘 뒤로 넘긴다.

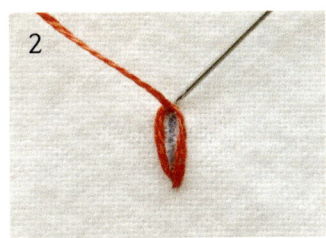

넘긴 실을 뽑아낸 후 고리가 만들어지면 4번으로 넣어 고정시킨다.

레이지 데이지 스티치 안에 작은 레이지 데이지를 하나 더 수놓는다. 1번에서 빼낸 후 2번과 3번을 세로로 반쯤 걸어 실을 바늘 뒤로 넘긴다.

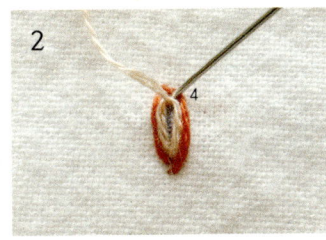

고리가 만들어지면 4번으로 넣어 고정시킨다.

리버스 체인 스티치

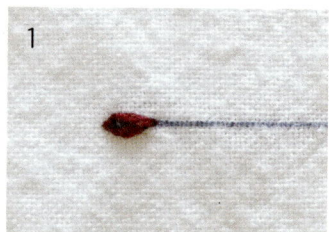

레이지 데이지 스티치를 수놓는다(P 207 레이지 데이지 스티치 참고).

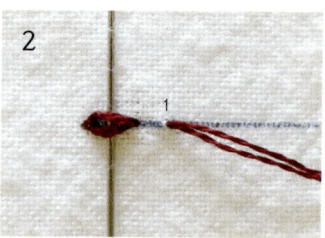

반땀 옆에서 1번을 빼낸 후 첫 땀(레이지 데이지) 밑으로 통과시킨다.

1번으로 다시 들어간다.

반복해서 한 개씩 걸어주며 진행한다.

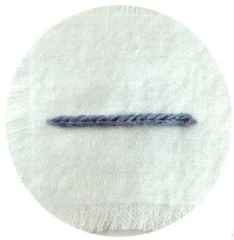

헤비 체인 스티치

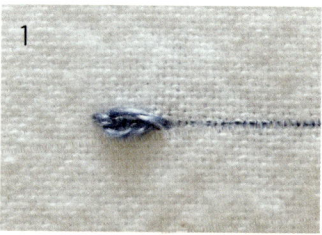

레이지 데이지 스티치를 수놓는다(P 207 레이지 데이지 스티치 참고).

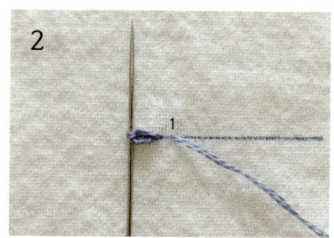

반땀 옆에서 1번을 빼낸 후 짧은 스트레이트 사이를 통과한다.

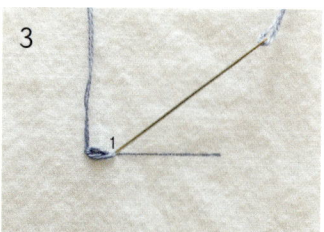

통과한 실을 1번에 다시 넣어준다.

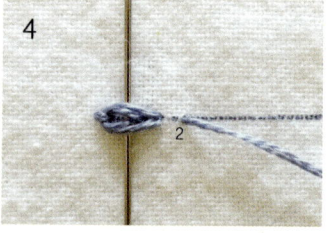

반땀 옆에서 2번을 빼낸 후 첫 땀(레이지 데이지) 아래를 통과시킨다.

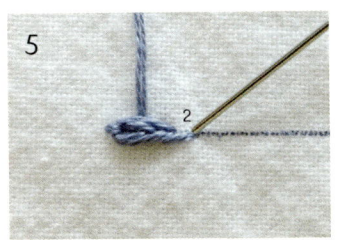

통과한 실을 2번에 다시 넣어준다.

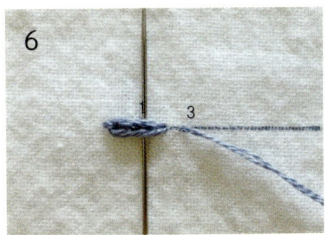

반땀 옆에서 3번을 빼낸 후 1번 스티치 아래로 넣어준다.

반복하며 두 개씩 걸어주며 진행한다.

블링킷 스티치

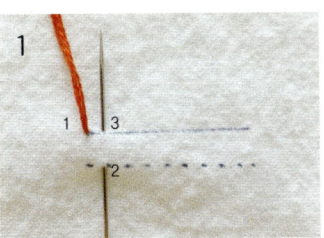

1번에서 빼낸 후 2,3번을 세로로 걸어 빼낸다. 이 때 1번과 2,3번의 간격을 좁힐수록 촘촘하게 수놓을 수 있다.

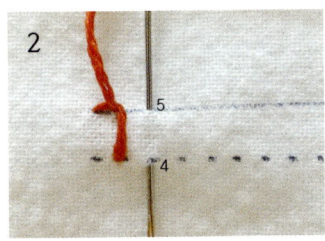

4,5번을 세로로 걸어 빼낸다.

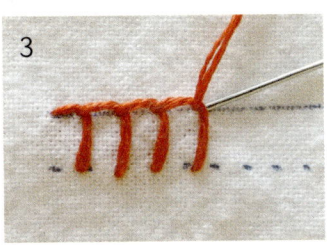

마무리는 스티치의 모서리 뒤로 넣어 고정시킨다.

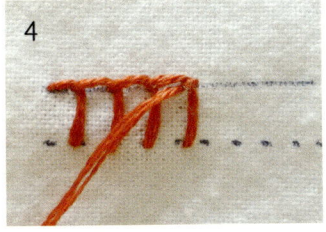

tip 다시 땀을 연결할 때는 마지막 땀 모서리 안쪽에서 1번을 빼낸다.

페더 스티치

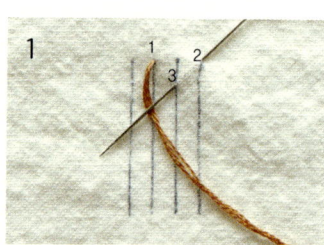

1번에 나온 후 2, 3번을 연결한다.

4, 5번을 연결한다.

과정을 반복하다 6번으로 넣어 마무리한다.

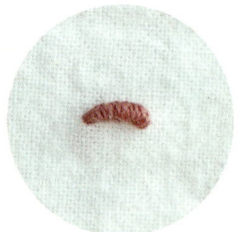

블리온 스티치

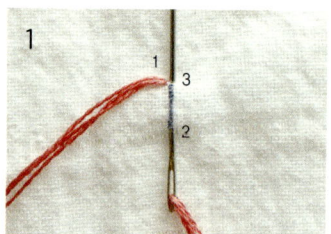

1번에서 빼낸 후 2, 3번을 건다(바늘을 최대한 길게 빼준다). **tip** 2, 3번 사이의 길이가 스티치의 길이가 된다.

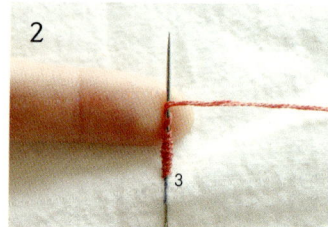

3번으로 나온 바늘에 실을 감은 후 감은 실을 손가락으로 살짝 포개듯 잡고 바늘을 빼준다.

감은 실을 아래 방향으로 눕힌다.

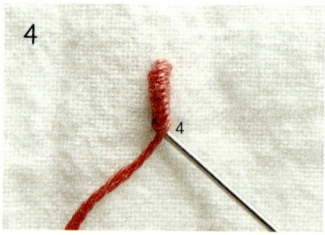

4번에 넣어 고정시킨다.

패디드 새틴 스티치

1

도안을 따라 아웃트라인 스티치를 수놓고 안에는 랜덤으로 스티치를 채워준다.

2

새틴 스티치와 같은 방법으로 채워준다.

로제트 스티치

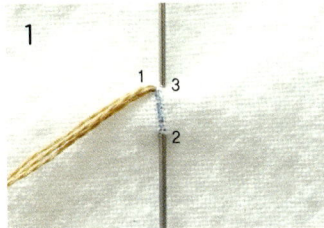

1

1번에서 빼낸 후 2,3번을 세로로 연결해준다.

2

1번에서 나온 실을 바늘 뒤로 반시계 방향으로 감아준다.

3

원하는 만큼 감아준 후 바늘을 위로 가볍게 뽑아낸 후 4번으로 넣어 고정시킨다.

4

아래 안쪽에서 5번을 빼낸 후 6번으로 넣어 고정시킨다.

프렌치 노트 스티치

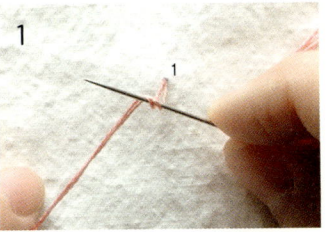

1

1번에서 빼낸 후 바늘을 실에 감는다.
tip 바늘에 실을 감은 횟수를 늘릴수록 스티치의 크기가 커진다.

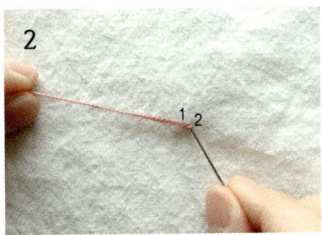

2

1번 바로 옆에 2번을 꽂는다.

031

이 때 실을 잡은 손을 바짝 당겨 원단에 스티치를 붙인 후 바늘을 통과시킨다.

프렌치 노트 스티치로 면을 채울 때는 외곽을 먼저 채운 후 안쪽을 채운다.

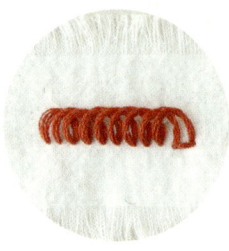

루프드 블링킷 스티치

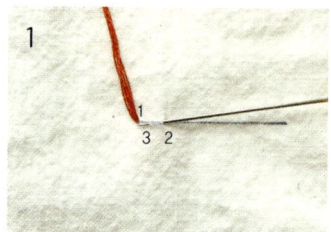

1번에서 빼낸 후 2,3번을 연결하여 빼낸다.
tip 아웃라인의 방법과 유사하다. 다만 실을 다 잡아당기지 않는다.

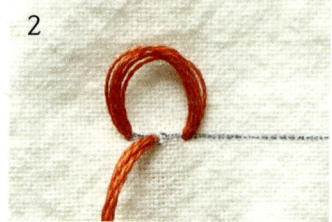

원하는 고리의 크기를 만들 때까지 실을 조절하며 빼낸다.

반땀 진행 후 4번으로 들어가서 5번으로 나온다.

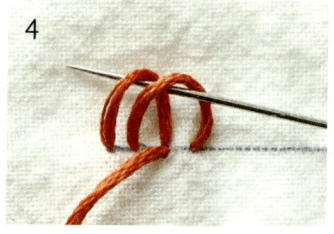

중간중간 바늘로 고리를 같은 모양으로 맞춰준다.

마지막 반땀을 스트레이트로 수놓아 마무리한다.

크로스 스티치

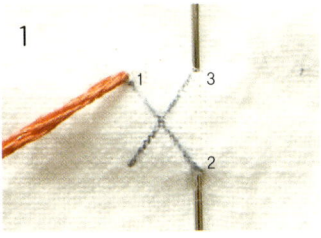

1번에서 빼낸 후 2,3번을 평행하게 꿰어 통과시킨다.

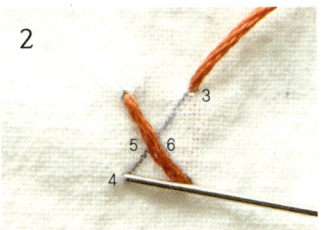

3번에서 빼낸 실은 아래 대각선 방향 4번으로 넣는다. 고정할 경우 5번에 6번으로 짧은 한 땀을 놓는다.

플랫 스티치

스트레이트 스티치를 한 땀 수놓는다

1번에서 나온 후 2번으로 들어간다.

3번에서 나온 후 4번으로 들어간다.

1번 아래로 5번을 빼내어 6번으로 들어간다.

2번 아래로 7번을 빼내어 8번으로 들어간다.

반복해서 수놓는다.

롱 앤드 쇼트 스티치

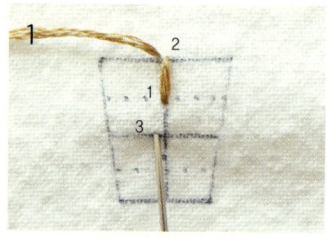

중심에서 1번을 빼낸 후 2번으로 들어간 뒤 3번에서 빼낸다. **tip** 실선은 롱, 점선은 숏 스티치 표기를 해놓으면 수놓을 때 수월하다.

한 쪽을 숏, 롱을 반복해가며 수놓아준다.

중심의 숏 옆으로 다시 반복해가며 수놓아 준다.

다음 단을 채울 때도 중심부터 시작한다. 이 때부터는 나오는 점만 다를 뿐 계속 롱스티치를 놓으면 된다.

맨 아래의 단도 빼놓지 말고 수놓아준다.

스파이더 웹 로즈 스티치

스트레이트 스티치로 심을 수놓아준다.
tip 스파이더 웹 로즈의 심은 홀수로만 가능하다.

중심 부분에서 1번을 빼낸 후 바로 앞의 심을 누르고 다음 심의 아래로 통과한다.

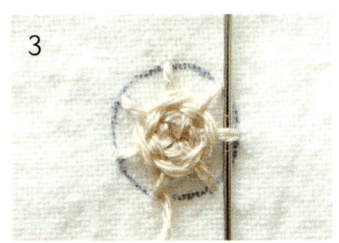

3

4

반복해준다.

심이 보이지 않을 때까지 감아준 후 실을 넣어 마무리한다.

휘프 스파이더 웹 스티치

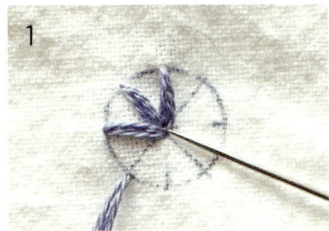

1

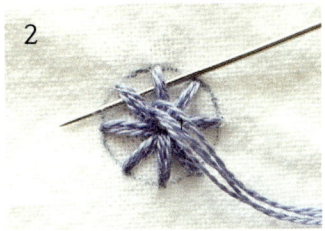

2

스트레이트 스티치로 심을 수놓아준다.

1번에서 빼낸 후 바로 뒤의 심을 감으며 다음 심의 아래까지 통과시킨다.

3

모든 심을 보이지 않을 때까지 감아준다.

터키 스티치

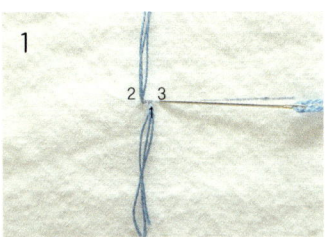

1

2

1번으로 들어가서 2번에서 나온 후 3번으로 들어간다. **tip** 매듭이 없고, 바깥에서부터 시작하는 스티치

1번 바로 옆에서 4번을 빼낸다.

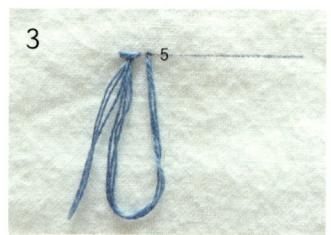 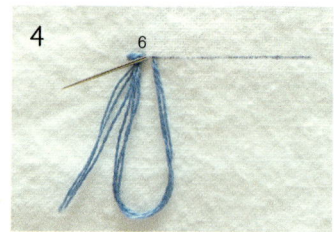 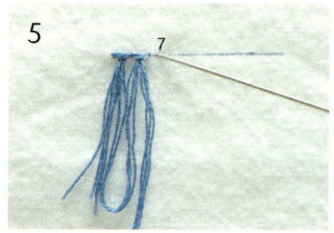

5번으로 넣어주면서 첫 땀과 길이를 맞춘다.   6번(3번과 같은 홀)에서 빼낸다.   7번으로 들어간다.

반복해준 후 마무리는 시작과 똑같이 바깥으로 빼내었을 때 마무리한다.   아래 고리부분을 가위로 잘라주고 길이를 다듬어준다.

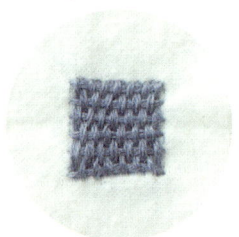

바스켓 필링 스티치

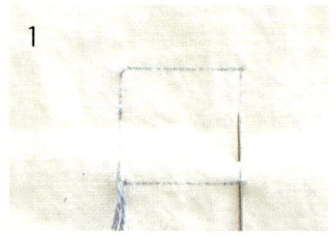 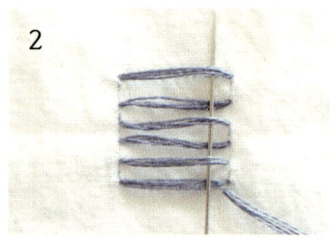

그림과 같이 간격을 두고 스트레이트스티치를 놓는다.   시작점으로 빼낸 후 한 칸씩 바늘을 엇갈리게 걸어주며 빼낸다.

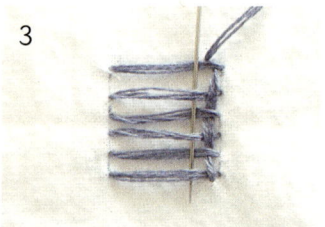 

위에서 아래로 내려올 때도 한 칸씩 엇갈리게 걸어준다.   힘을 강하게 주지 않도록 유의한다.

카우치드 트렐리스 스티치

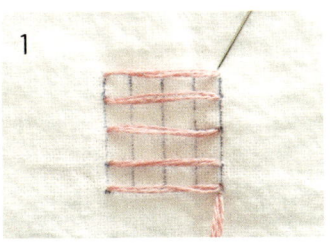

1

그림과 같이 스트레이트를 수놓는다. 간격은 자유롭게 조정 가능하다.

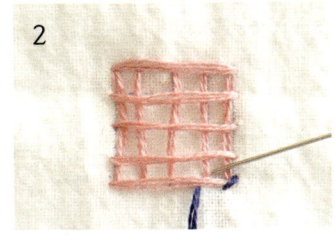

2

아래에서 위 대각선 방향으로 짧은 스트레이트를 수놓는다.

3

순차적으로 베이스가 되는 긴 선들을 고정시켜나간다.

오버 캐스트 스티치

1

베이스가 될 실을 빼낸다.

2

베이스 실을 감아줄 실을 같은 자리에서 빼낸 후 스케치를 따라 감아준다.

3

감은 자리를 중복되어 감지 않도록 주의하며 감아준다.

사계절 자수 수업
차근차근 따라 하기

하나 둘 순서대로 따라 해보기

캠프파이어
도안 Page 115

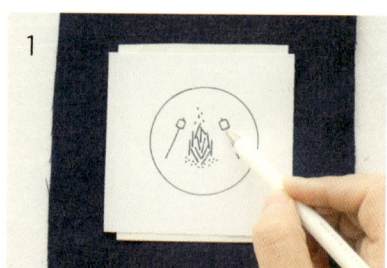

원단에 도안을 옮긴다(P 016 도안 옮기기 참고).

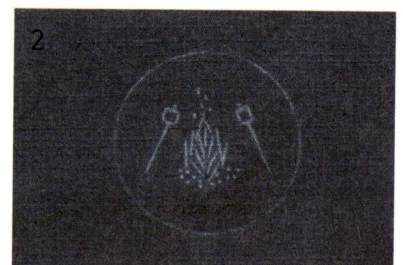

잘 옮겨지지 않은 부분은 자수용 수성펜을 사용하여 수정한다.

원단을 수틀에 끼운다

가운데 하얀 색상의 블리온 스티치부터 수놓는다.
tip 바늘의 몸통에 손가락을 덧대어 감으면 바늘에서 실이 미끄러지는 것을 방지할 수 있다.

노란색 부분은 가운데를 수놓은 후 양쪽 하단을 수놓아준다.

주황색을 수놓은 후 빨간색을 수놓는다. tip 블리온 스티치가 좀 더 볼록한 느낌을 원한다면 감는 횟수를 더 늘려준다.

바닥부분도 가운데에서 바깥쪽 순서로 채워준다.

랜덤하게 수놓아주면 더 자연스럽다.

아우트라인 스티치로 막대를 표현해준다.

아우트라인 스티치 위로 새틴 스티치를 덮어 마시멜로우를 표현해준다.

막대기 양쪽을 대칭으로 똑같이 수놓는다.

작은 디테일도 세심하게 마무리해준다.

불씨도 랜덤하게 스트레이트 스티치로 수놓아준다.

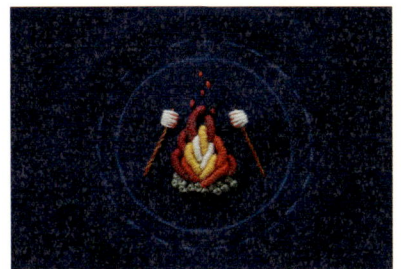

외곽으로 5mm를 표시 후 가위로 잘라준다.

같은 크기의 원단을 한장 더 준비한다.

겉면끼리 마주대고 박음질한다. 단 창구멍은 제외한다(약 3cm).

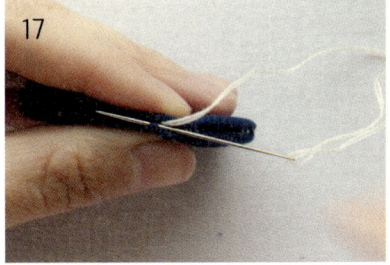

창구멍으로 뒤집은 후 형태를 잡고 창구멍은 공그르기 해준다.

포도 쟁반
도안 Page 095

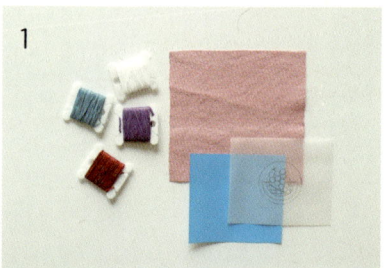

1

재료를 준비한다.

2

원단에 도안을 옮긴다(P 016 도안 옮기기 참고).

윗부분에 있는 포도알부터 새틴 스티치로 채운다.

서로 겹쳐지는 부분은 촘촘하게 채워준다.

블링킷 스티치를 촘촘하게 수놓는다.

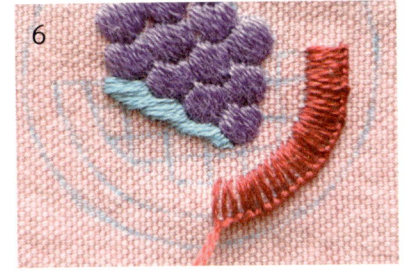

실을 세게 당기지 않도록 주의하며 수놓는다.

스트레이트 스티치를 수놓는다.

가로방향 백 스티치를 수놓은 후 세로방향 백 스티치를 수놓는다.

외곽선을 따라 잘라낸다.

필요하다면 올풀림 방지액을 도포 후 건조시킨다.

펠트지를 준비한 후 자수의 뒷면에는 원단용 풀을 도포한다.

펠트지에 붙인 후 완전히 건조시켜준다.

여백을 남겨 가위로 오려준다.

tip 원하는 모양의 펠트지를 미리 잘라두면 더 편리하다.

질문 있어요

자수 수업을 위한 소소한 팁

Q. 수놓을 때 순서가 따로 있나요?

A. 도안 크기와 상관없이 사진을 보았을 때 가장 밑에 있는 부분을 먼저 진행합니다. 다른 방법은 도안에서 가장 큰 면적을 차지하는 부분을 수놓은 뒤 주변의 아래에 깔려있는 부분부터 순차적으로 수놓습니다.

Q. 도안은 큰데 작은 수틀만 있어요

A. 수틀을 옮겨가며 수를 놓아줍니다. 이때 수가 놓인 부분에 수틀을 끼워야 하는 경우가 종종 생기는데 평소보다 수틀의 조임을 다소 느슨하게 해줘야 수놓아진 부분의 변형 혹은 눌림현상을 막을 수 있어요.

Q. 실 번호는 모든 브랜드가 다 같나요?

A. 아니요. 브랜드 별로 실 번호 표기가 달라요. 이 책에서는 면사는 DMC25만 사용합니다. 때문에 만약 다른 브랜드의 실을 가지고 있을 경우 사진을 보고 비슷한 색을 찾아주세요.

Q. 울사나 4번사 등 두꺼운 실이 없을 경우엔 어떻게 해야 하나요?

A. 경우에 따라 다르지만 보통은 면사 6가닥을 쓰시면 두께감이 비슷합니다.

Q. 수틀에 원단을 끼워도 자꾸 미끄러져요.

A. 홈이 없는 일반적인 나무 수틀의 경우 수를 놓을 때 원단이 가운데로 미끄러지며 헐거워집니다. 이때 미끄럼을 방지하기 위해서는 안과 겉 수틀에 원단을 감아주세요. 훨씬 미끄러움이 줄어듭니다. 수놓는 중간중간 원단을 원상태로 당겨주시는 것도 잊지 마세요.

도안 보는 방법

자수 수업을 위한 마지막 준비

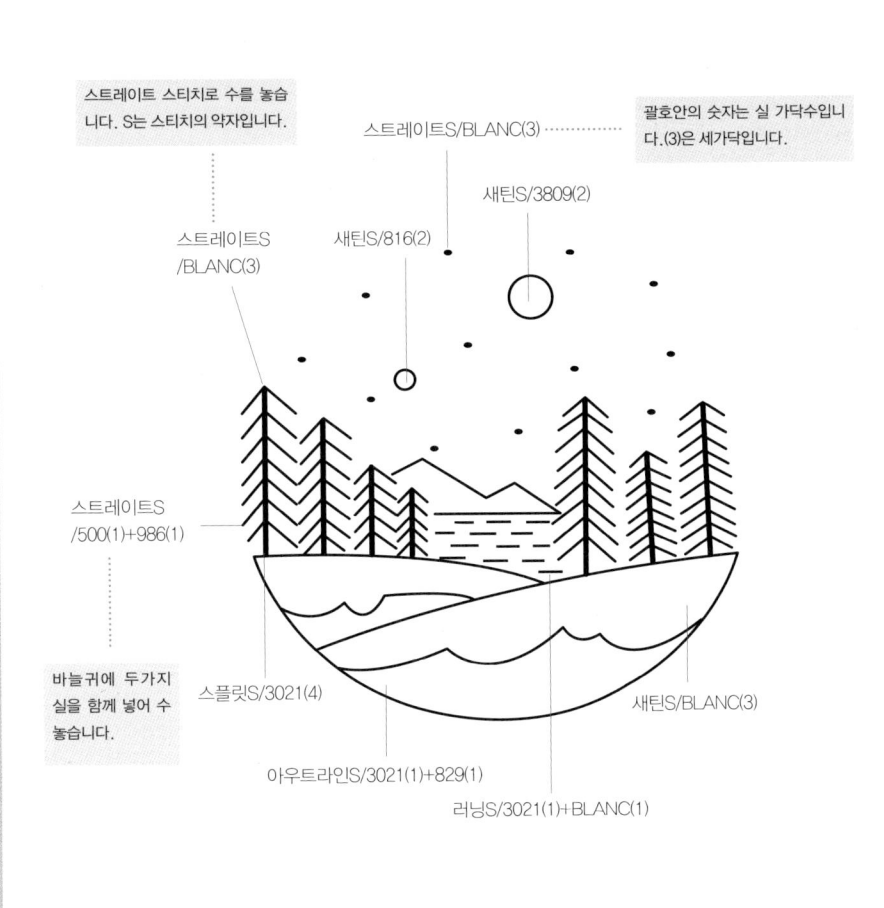

1
It's Spring

따뜻한 햇살이 마당을 가득 채우는 봄이
오면 저도 고양이도 모두 바빠집니다.

Page 052

Page 054

Page 057

Page 058

Page 058

Page 059

Page 059

Page 061

Page 062

Page 064

Page 065

Page 067

봄 제비
도안 Page 068

새해의 선물처럼 하얗고 작은 벚꽃 가지를 물고
봄과 함께 우리집 마당을 찾은 제비에요. 반가워!

캣 하우스
도안 Page 069

포근한 러그와 따뜻한 실내에서 겨우내 잘 버틴 파릇한 식물들. 그리고 귀여운 고양이들이 함께 있어서 더욱 좋은 밤.

씨앗을 뿌리고 새싹을 피워내기 위한
봄의 행사를 준비해요.

가드닝-파란장화
도안 Page 070

가드닝-장갑
도안 Page 070

가드닝-도구
도안 Page 070

가드닝-화분
도안 Page 071

가드닝-물뿌리개
도안 Page 071

가드닝−씨앗
도안 Page 071

올해는 향긋한 로즈마리 씨앗을 톡톡 뿌려 심어볼까요?

봄 꽃밭
도안 Page 072

다양한 꽃들이 그려진 자수 스케치북.
하나씩 보아도 예쁜 봄꽃들입니다.

핸드타이 플라워
도안 Page 074

카네이션
도안 Page 074

작지만 정성 가득한 꽃을 수놓아 고마운 이에게 선물을 준비해요. 시들지 않아 좋고, 항상 곁에 두고 볼 수 있어 좋은 꽃을….

해피뉴이어
도안 Page 075

한 해의 시작을 염원하며 빼곡히 넣은 스티치들.
원단의 올도 하나씩 정성스럽게 풀어주세요. 레터링 자수의
매력에 푹 빠지실 거예요.

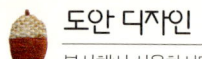

도안 디자인
복사해서 사용하시면 더욱 편리해요.

봄 제비 이미지 Page 053

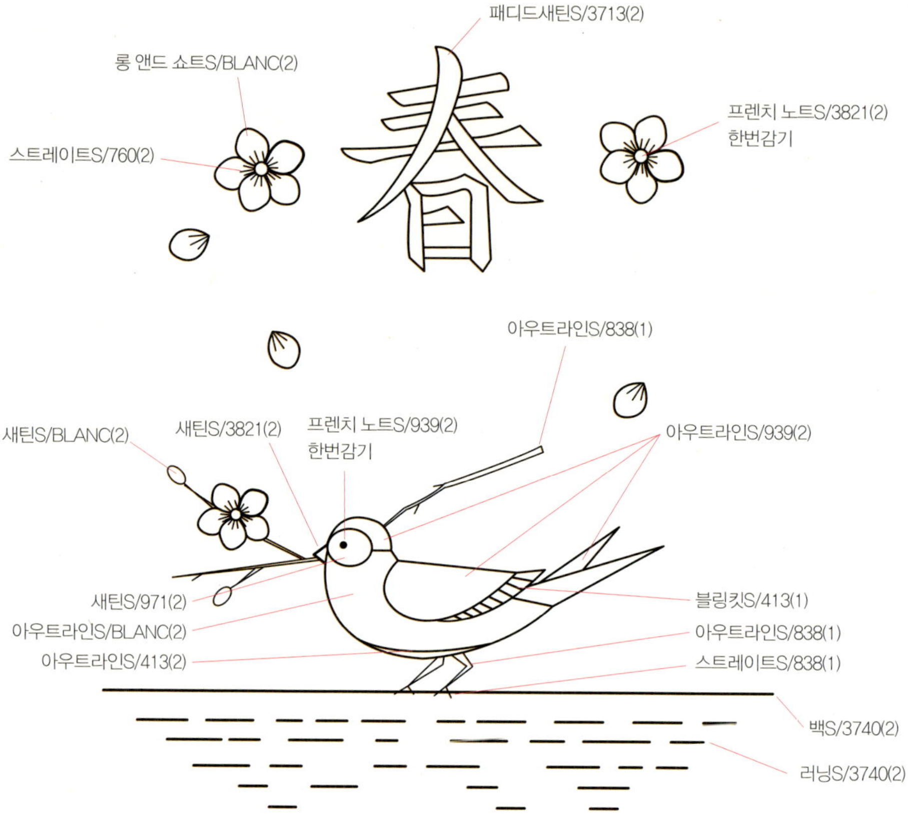

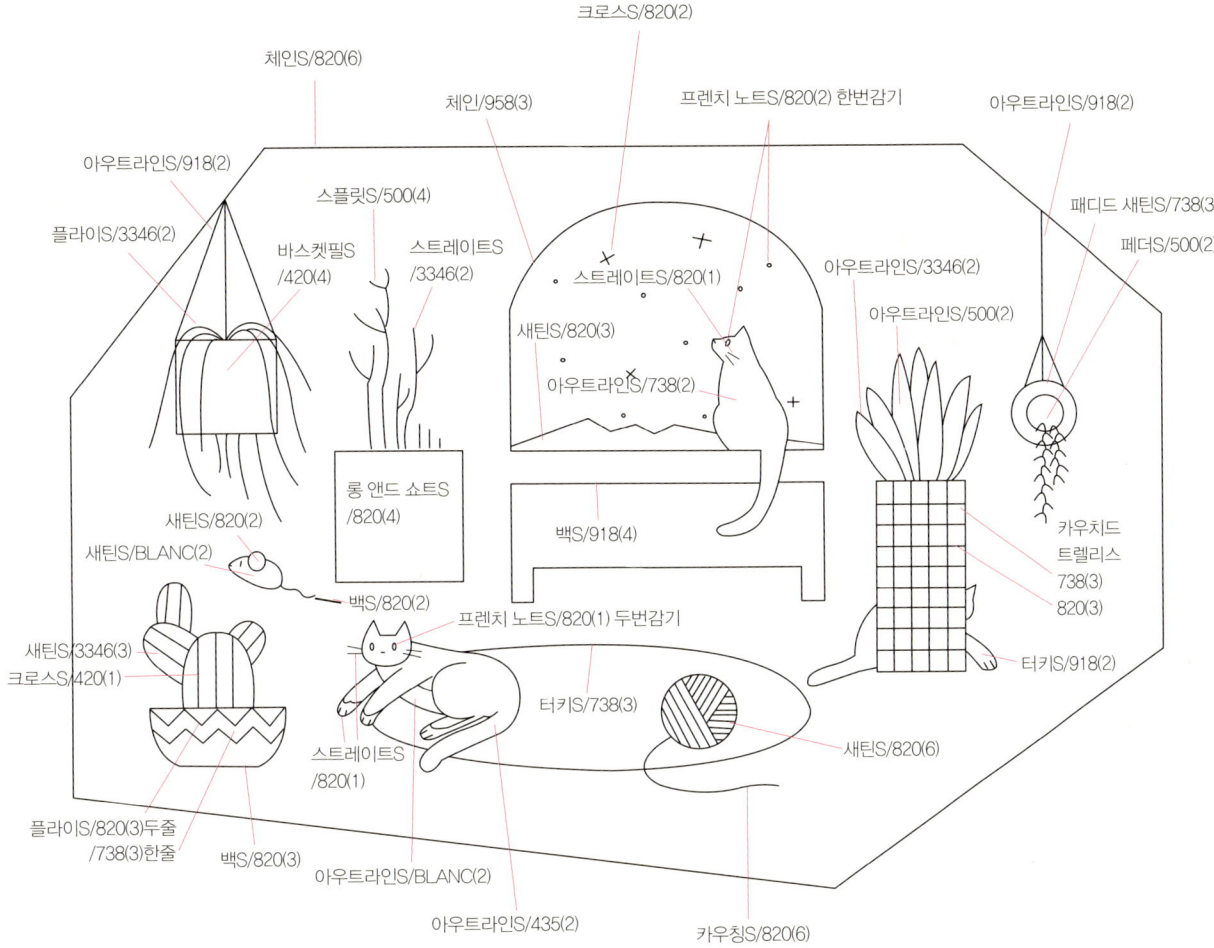

도안 디자인

복사해서 사용하시면 더욱 편리해요.

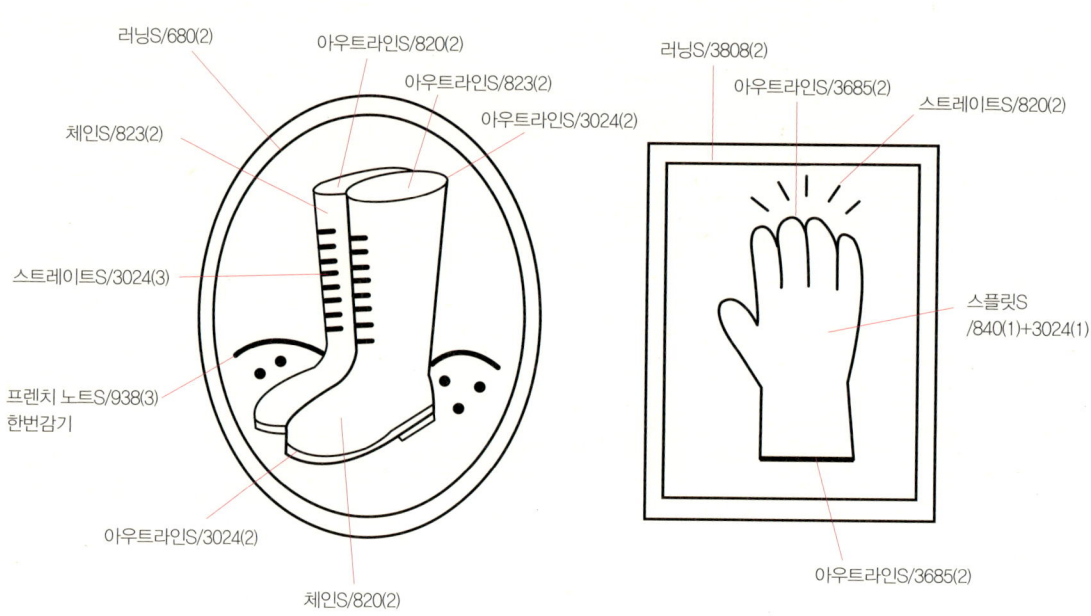

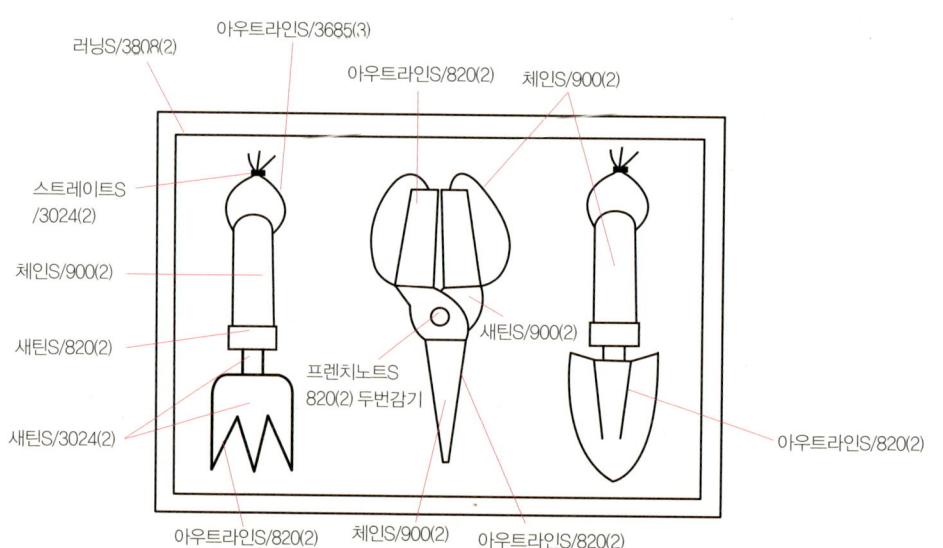

가드닝-화분 이미지 Page 059

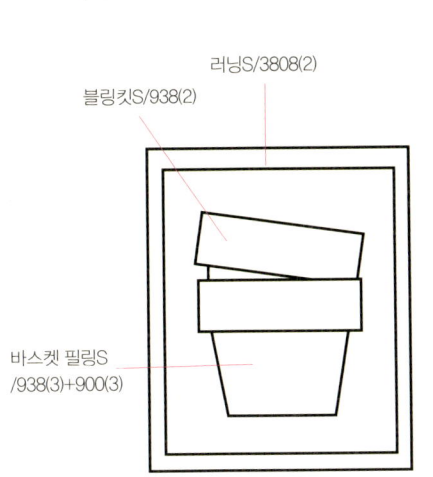

러닝S/3808(2)
블링킷S/938(2)
바스켓 필링S/938(3)+900(3)

가드닝-물뿌리개 이미지 Page 059

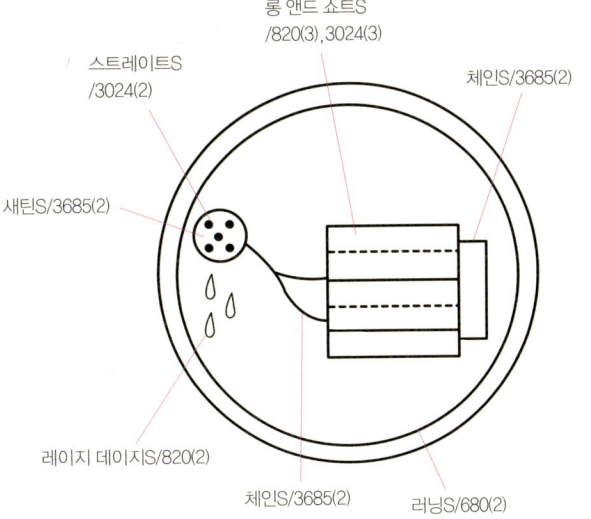

롱 앤드 쇼트S/820(3),3024(3)
스트레이트S/3024(2)
체인S/3685(2)
새틴S/3685(2)
레이지 데이지S/820(2)
체인S/3685(2)
러닝S/680(2)

가드닝-씨앗 이미지 Page 060

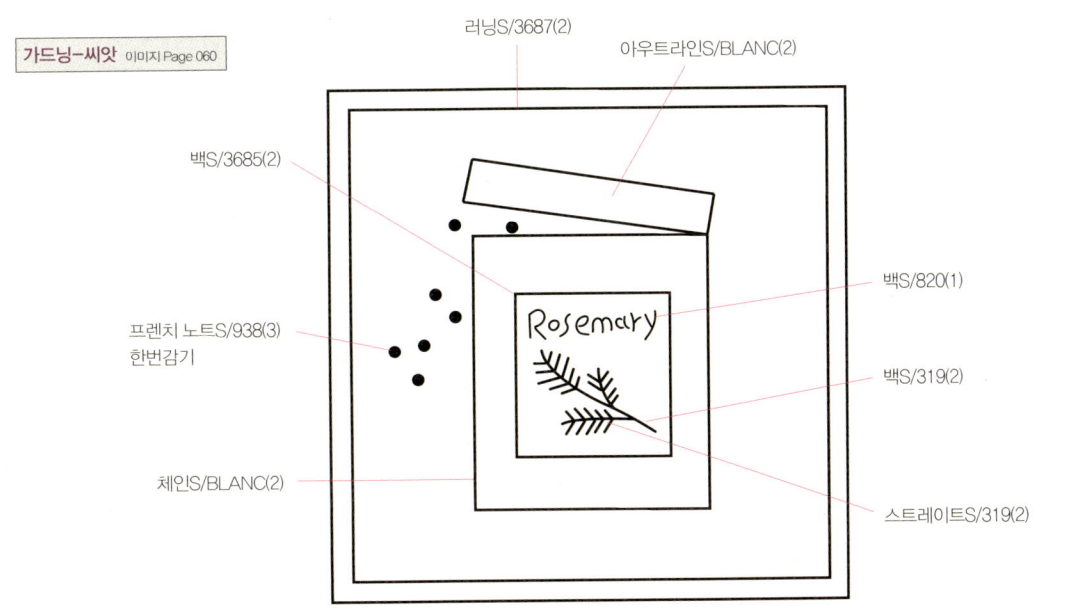

러닝S/3687(2)
아우트라인S/BLANC(2)
백S/3685(2)
백S/820(1)
프렌치 노트S/938(3) 한번감기
백S/319(2)
체인S/BLANC(2)
스트레이트S/319(2)

도안 디자인

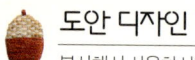
복사해서 사용하시면 더욱 편리해요.

봄 꽃밭 이미지 Page 062

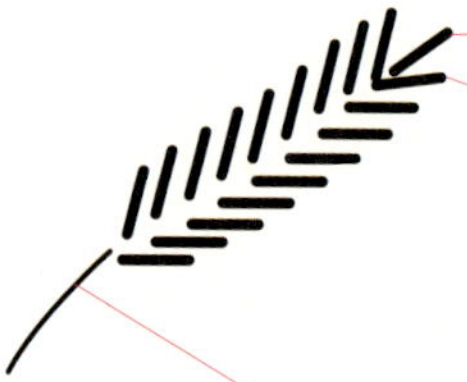

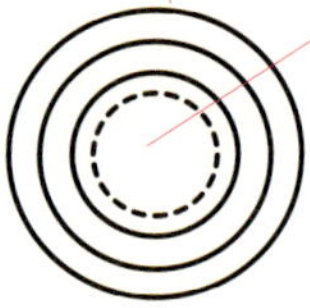

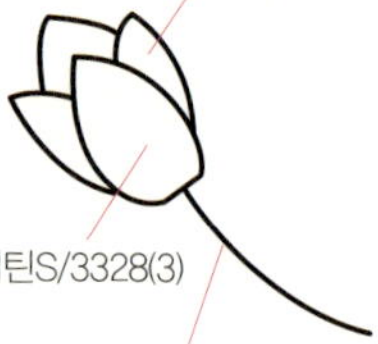

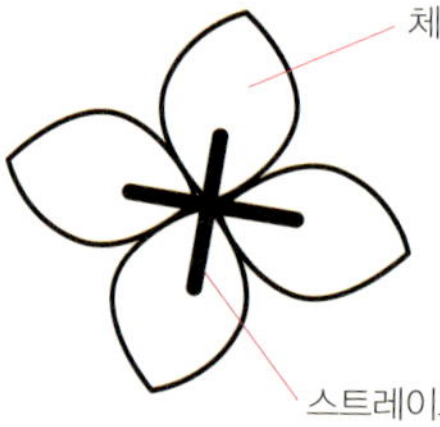

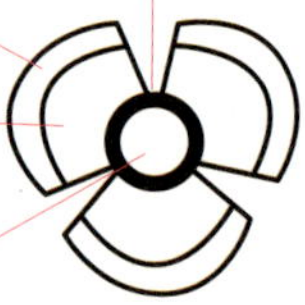

- 블리온S/3746(4)
- 블리온S/792(4)
- 블리온S/792(4)
- 루프드 블링킷S/356(3)
- 프렌치 노트S/ECRU(4) 한번감기
- 새틴S/3685(3)
- 패디드 새틴S/3328(3)
- 아우트라인S/3809(3)
- 블리온 로즈S/3685(4)
- 블리온S/223(4)
- 새틴S/223(3)
- 스트레이트S/3809(3)
- 아우트라인S/3809(3)
- 레이지 데이지S/3809(3)
- 아우트라인S/3809(4)
- 카우칭S/223(6)
- 카우칭S/223(2)
- 새틴S/3685(3)
- 아우트라인S/3809(3)
- 체인S/676(2)
- 스트레이트S/820(3)
- 아우트라인S/356(3)
- 블링킷S/3685(3)
- 블링킷S/778(3)
- 새틴S/ECRU(3)

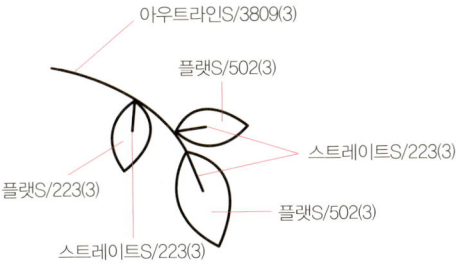

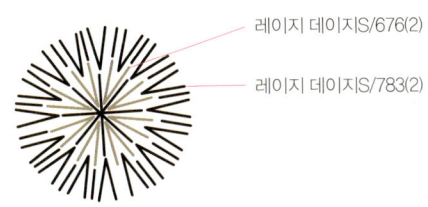

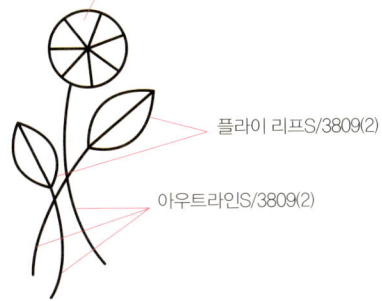

왼쪽과 같은 도안입니다. 왼쪽이 좁아서 도안을 옮기기 힘드신 분은 이것을 사용하세요.

도안 디자인
복사해서 사용하시면 더욱 편리해요.

핸드타이 플라워 이미지 Page 064

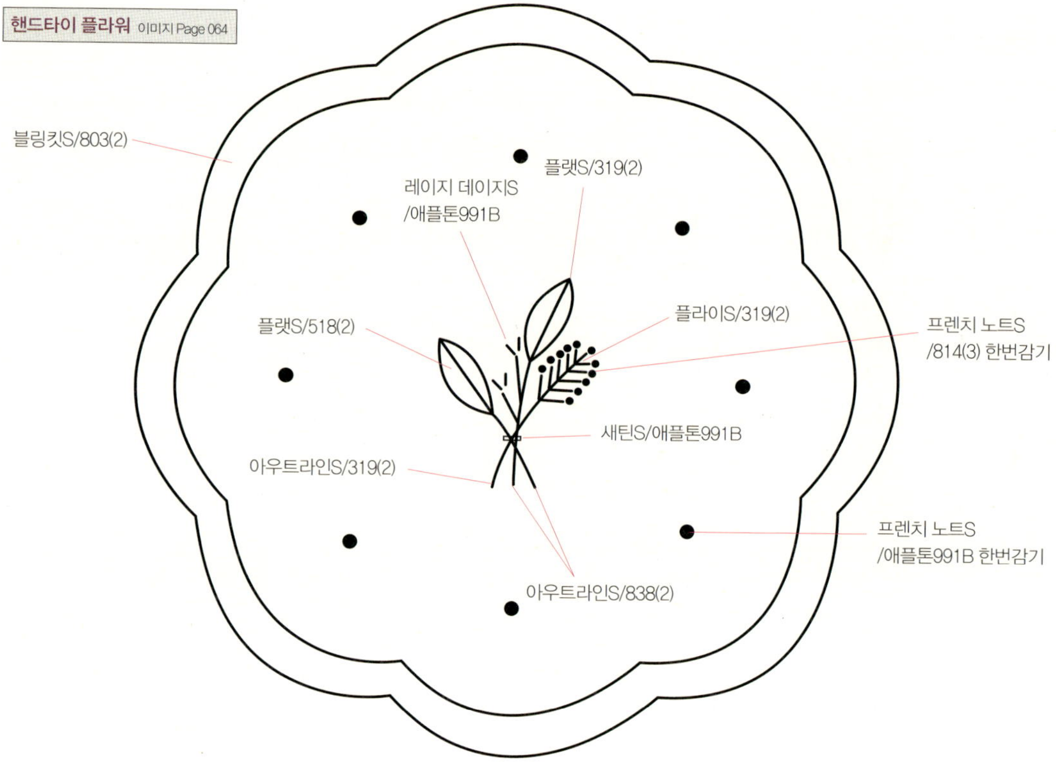

- 블링킷S/803(2)
- 레이지 데이지S/애플톤991B
- 플랫S/319(2)
- 플랫S/518(2)
- 플라이S/319(2)
- 프렌치 노트S/814(3) 한번감기
- 아우트라인S/319(2)
- 새틴S/애플톤991B
- 프렌치 노트S/애플톤991B 한번감기
- 아우트라인S/838(2)

카네이션 이미지 Page 065

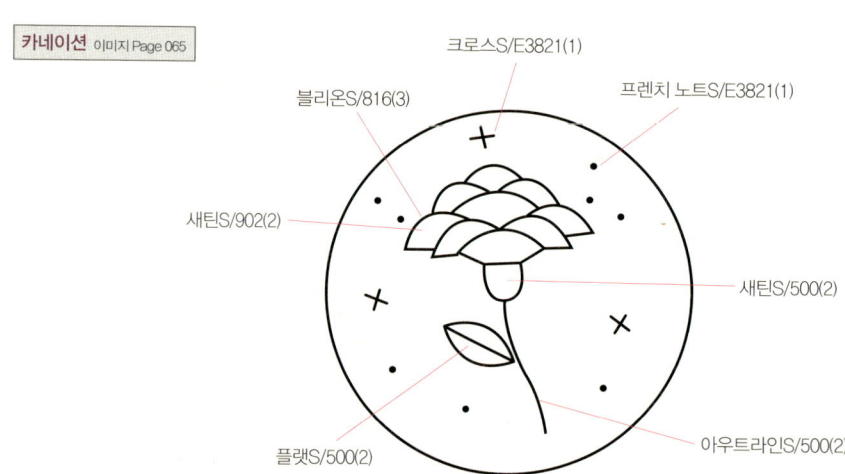

- 크로스S/E3821(1)
- 블리온S/816(3)
- 프렌치 노트S/E3821(1)
- 새틴S/902(2)
- 새틴S/500(2)
- 플랫S/500(2)
- 아우트라인S/500(2)

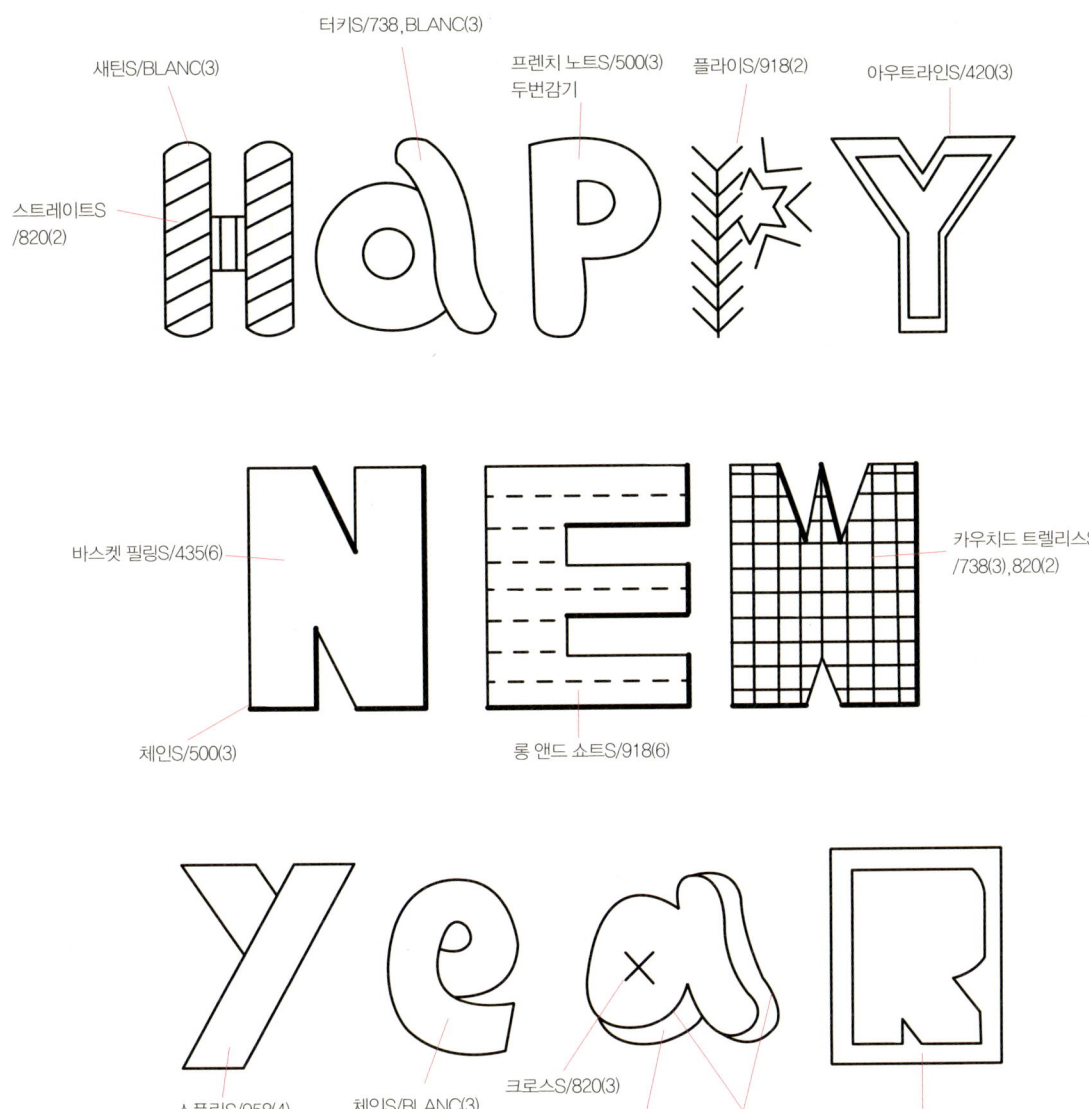

2
It's Summer

뜨거운 햇살과 시원한 바다를 사랑해요.
어디든 누구와든 놀러 가고 싶은 계절.
함께 여름을 만끽해요.

Page 078

Page 080

Page 082

Page 083

Page 086

Page 088

Page 089

Page 090

Page 091

여름 백로
도안 Page 092

제가 가장 사랑하는 계절 여름이 왔어요. 사는 곳 주변에는 연잎이 가득한 연못이 있어요. 어느날 산책길에 물 안개가 핀 연못 사이로 백로 두어 마리가 노닐고 있는 모습을 보았어요. 백로는 저에겐 행운이랍니다.

캠핑파우치
도안 Page 093

초여름과 가을은 캠핑을 하기 정말 좋은 계절입니다. 그중 여름 캠핑은 파릇한 식물을 볼 수 있고, 두꺼운 침낭이나 이불을 챙기지 않아도 되서서 너무 좋아요.

핑크 파인애플
도안 Page 093

해마다 여름이면 항상 생각나는 과일, 많이 먹으면 혀가 까끌하지만, 차가운 파인애플은 꼭 먹어줘야죠!

여름선셋
도안 Page 094

훌라걸
도안 Page 096

여름 사랑이 가득 담긴 훌라걸 자수. 가벼운 옷차림, 뭉게구름, 수평선, 파릇한 열대식물들은 수를 놓을 때마다 재미있고, 자주 담고 싶은 소재들이에요.

아이스크림 삼총사-블루콘
도안 Page 094

민트초코, 과일이 들어가 있거나, 사탕 맛 아이스크림을 가장 좋아해요.

아이스크림 삼총사-레드컵
도안 Page 094

멋진 바닷가가 아니더라도 집에서 만화책을 보며 아이스크림 먹는 것만으로도 제겐 행복한 시간이에요.

아이스크림 삼총사-핑크컵
도안 Page 095

즐겨먹는 아이스크림 모양을 자수로 놓아 옷이나 모자에 꽂고 다니는 것도 좋아해요.

포도 쟁반
도안 Page 095

어렸을 때 엄마가 씻어주신 탱글탱글한 보라색 포도도 여름하면 항상 떠오르는 이미지에요.

도안 디자인
복사해서 사용하시면 더욱 편리해요.

여름 백로 이미지 Page 078

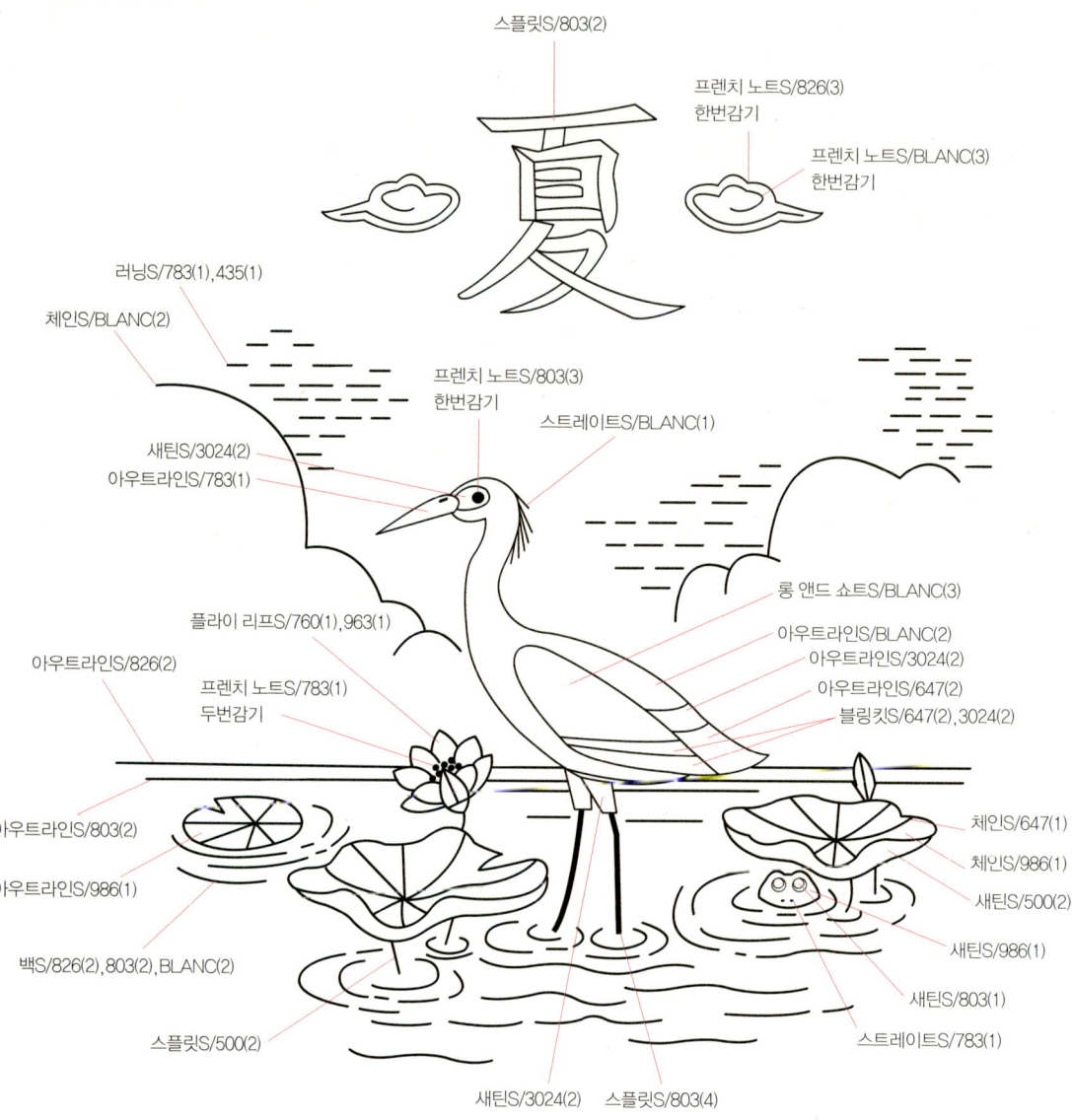

캠핑파우치 이미지 Page 081

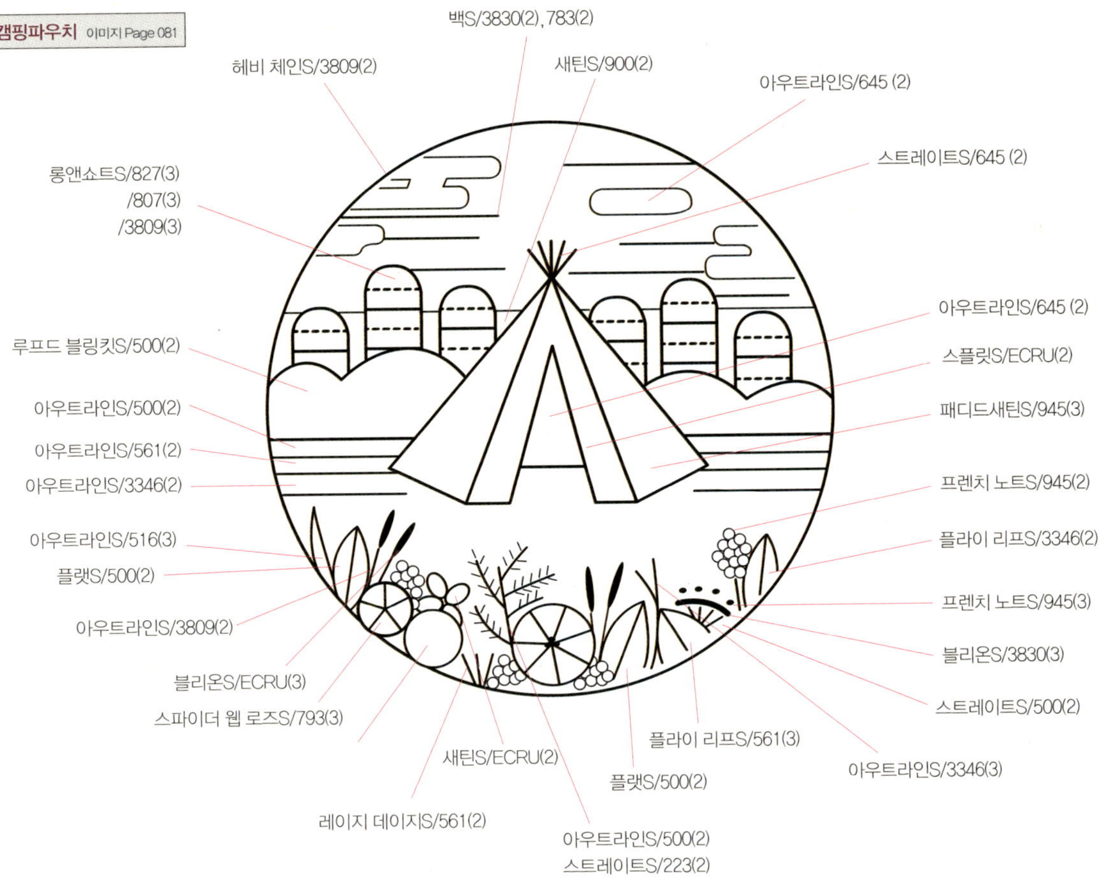

- 백S/3830(2), 783(2)
- 헤비 체인S/3809(2)
- 새틴S/900(2)
- 아웃라인S/645(2)
- 스트레이트S/645(2)
- 롱앤쇼트S/827(3) /807(3) /3809(3)
- 아웃라인S/645(2)
- 스플릿S/ECRU(2)
- 패디드새틴S/945(3)
- 루프드 블링킷S/500(2)
- 아웃라인S/500(2)
- 아웃라인S/561(2)
- 아웃라인S/3346(2)
- 프렌치 노트S/945(2)
- 플라이 리프S/3346(2)
- 아웃라인S/516(3)
- 플랫S/500(2)
- 프렌치 노트S/945(3)
- 아웃라인S/3809(2)
- 블리온S/3830(3)
- 블리온S/ECRU(3)
- 스트레이트S/500(2)
- 스파이더 웹 로즈S/793(3)
- 새틴S/ECRU(2)
- 플라이 리프S/561(3)
- 레이지 데이지S/561(2)
- 플랫S/500(2)
- 아웃라인S/500(2)
- 스트레이트S/223(2)
- 아웃라인S/3346(3)

핑크 파인애플 이미지 Page 082

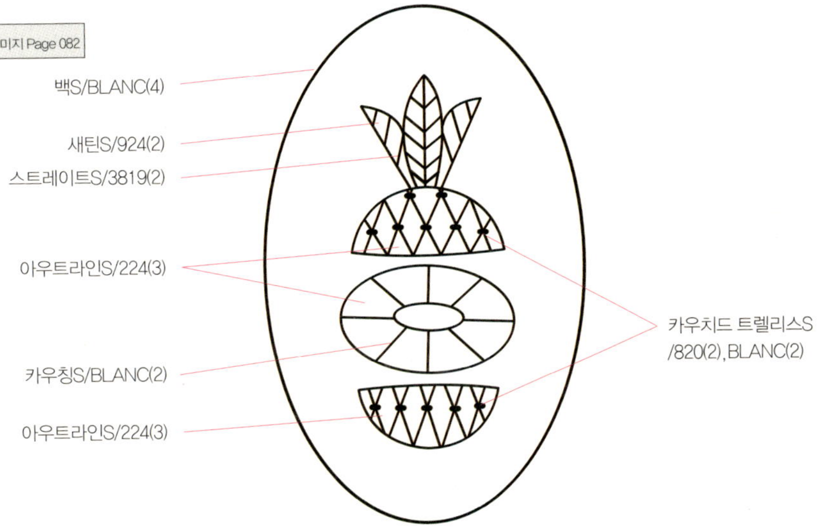

- 백S/BLANC(4)
- 새틴S/924(2)
- 스트레이트S/3819(2)
- 아웃라인S/224(3)
- 카우칭S/BLANC(2)
- 아웃라인S/224(3)
- 카우치드 트렐리스S /820(2), BLANC(2)

093

도안 디자인

복사해서 사용하시면 더욱 편리해요.

여름선셋 이미지 Page 083

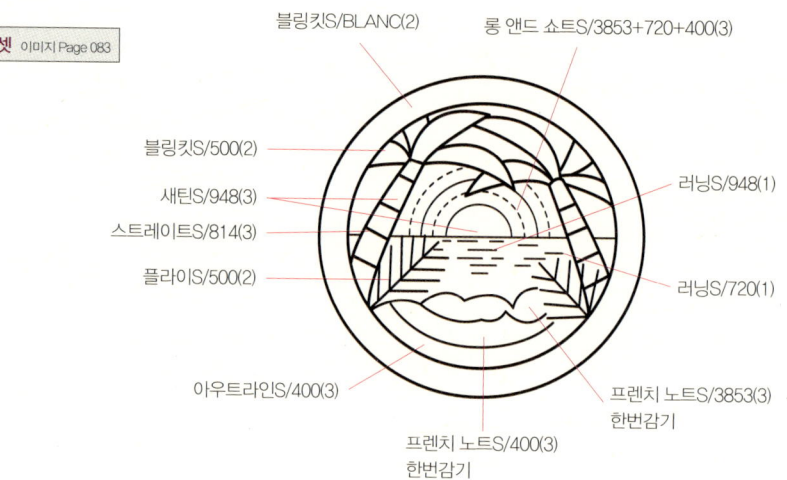

아이스크림 삼총사-블루콘 이미지 Page 088

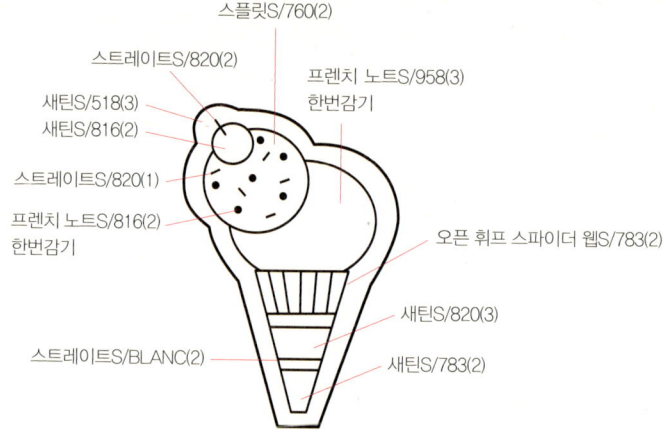

아이스크림 삼총사-레드컵 이미지 Page 089

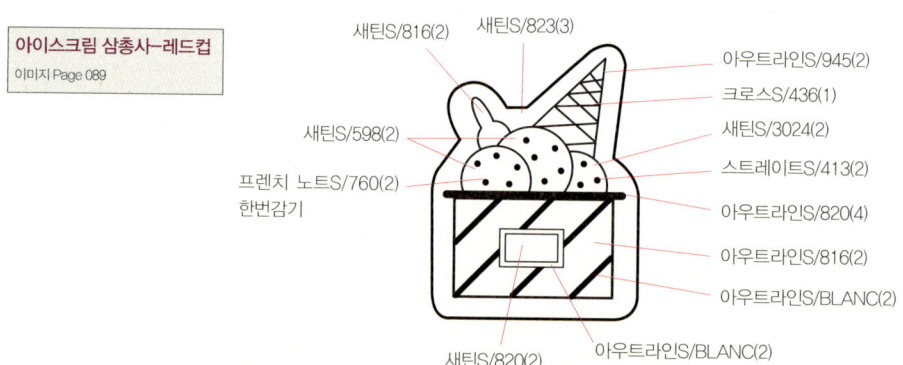

아이스크림 삼총사-핑크콘
이미지 Page 090

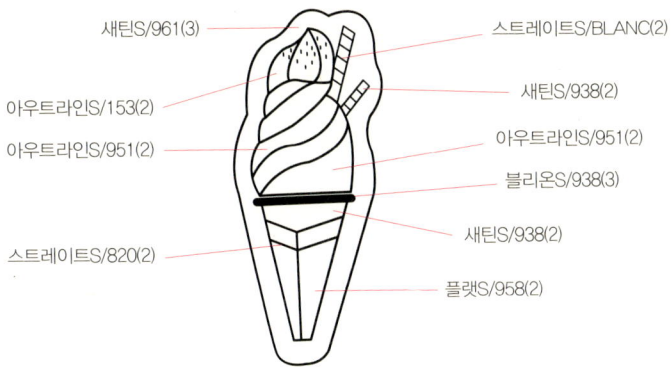

포도 쟁반 이미지 Page 091

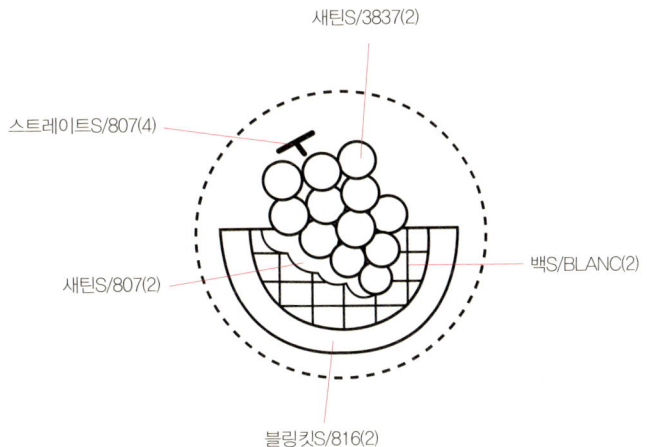

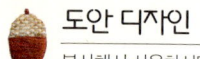

도안 디자인
복사해서 사용하시면 더욱 편리해요.

여름선셋 이미지 Page 083

아우트라인S/BLANC(2)
아우트라인S/820(2)

휘프트 백S/820(3), BLANC(2)

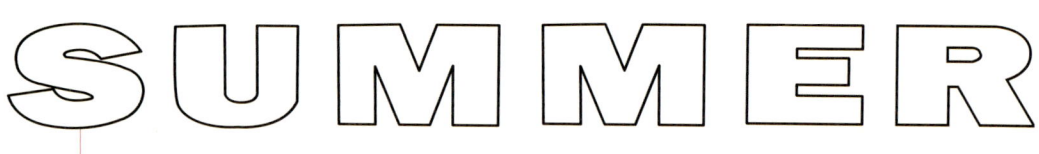

3
It's Autumn

어디를 둘러보아도 자연과 어우러진 알록달록함, 적당한 기온, 파란 하늘. 마음이 차분해지는 계절 가을입니다.

Page 101

Page 102

Page 103

Page 104

Page 105

Page 106

Page 108

Page 110

Page 112

가을 다람쥐
도안 Page 114

올리브색 원단에 주로 선으로 된 자수들을 놓아 차분한 느낌을 살렸어요. 계절에 상관없이 쿠션이나 가방으로 활용해도 좋을 것 같아요.

가을 소품
도안 Page 115

양말 한쌍
도안 Page 115

캠프파이어
도안 Page 115

난로
도안 Page 115

낙엽이 떨어지고, 사박사박 밟은 소리를 즐길 때 즈음 또 한번 캠핑을 떠나요. 예쁜 초록 랜턴을 들고, 마시멜로우를 구워먹으며 겨울을 기다려요.

온더테이블
도안 Page 116

가을 들판
도안 Page 116

사는 곳을 조금만 벗어나도 논과 밭을 쉽게 만날 수 있어요. 가을 무렵 도로를 달릴 때면 유독 창밖으로 눈길이 가요. 일렁이는 황금빛 물결을 바라보면 제 마음까지 덩달아 두근거리곤 하죠.

동글이 도토리
도안 Page 117

Congratulations
도안 Page 116

가을에는 모두모두 축하 할 일들이 많이 생겼으면 좋겠어요. 그래서 많은이들에게 축하카드를 보내고 싶어요.

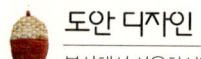 ## 도안 디자인
복사해서 사용하시면 더욱 편리해요.

가을 다람쥐 이미지 Page 101

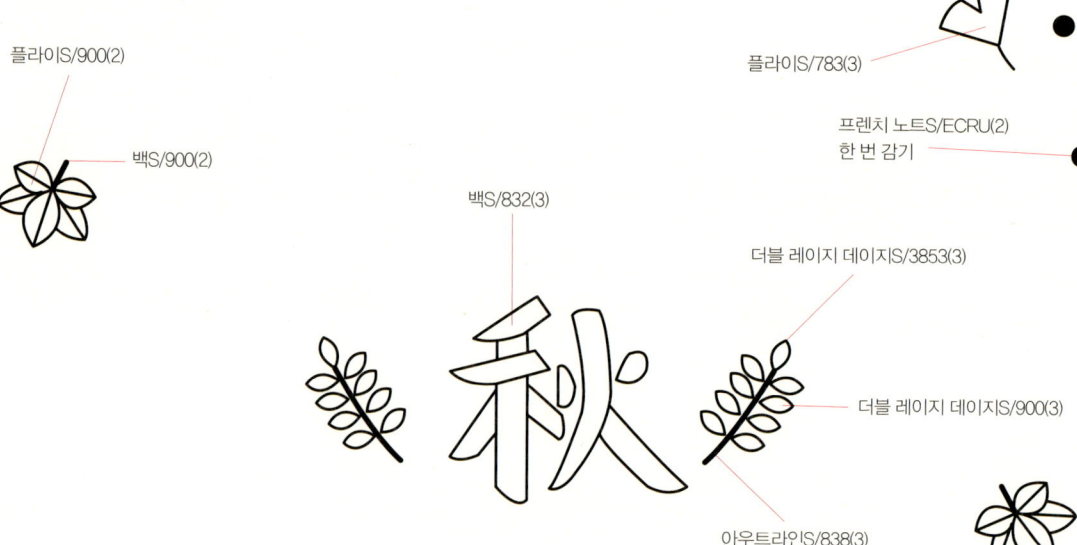

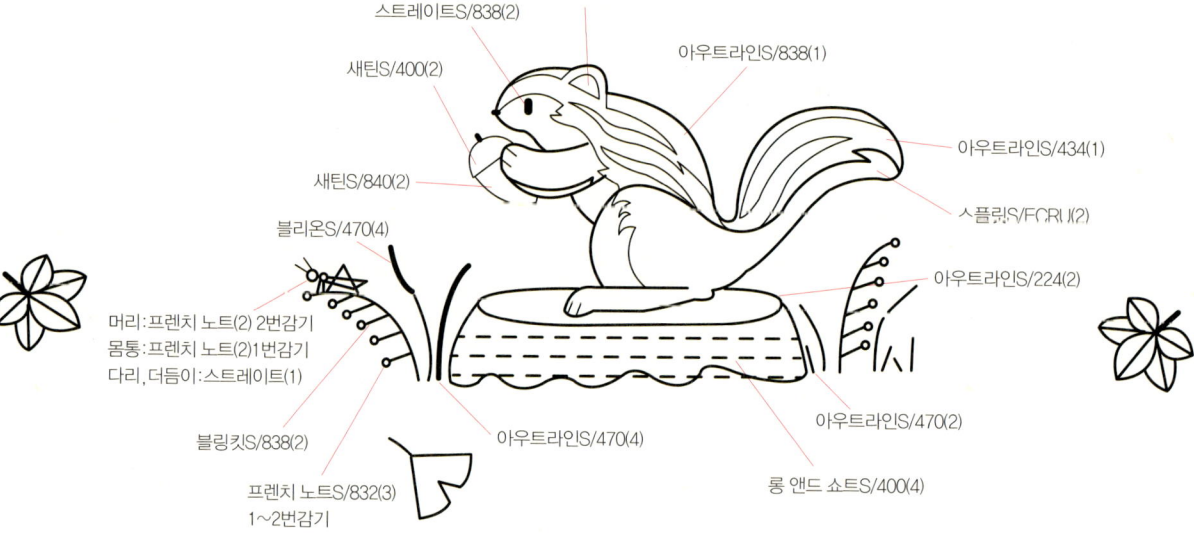

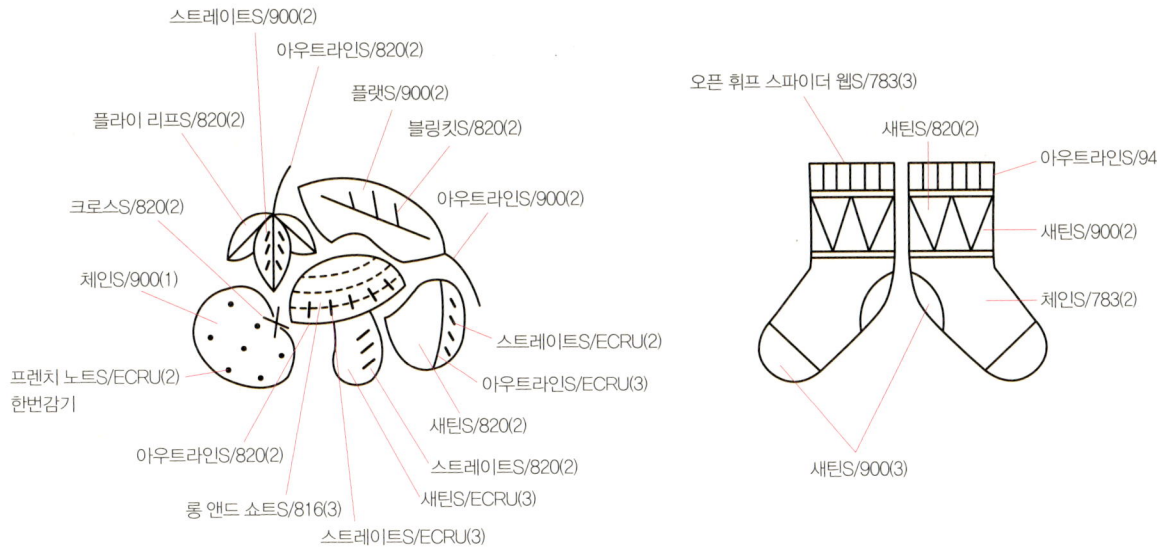

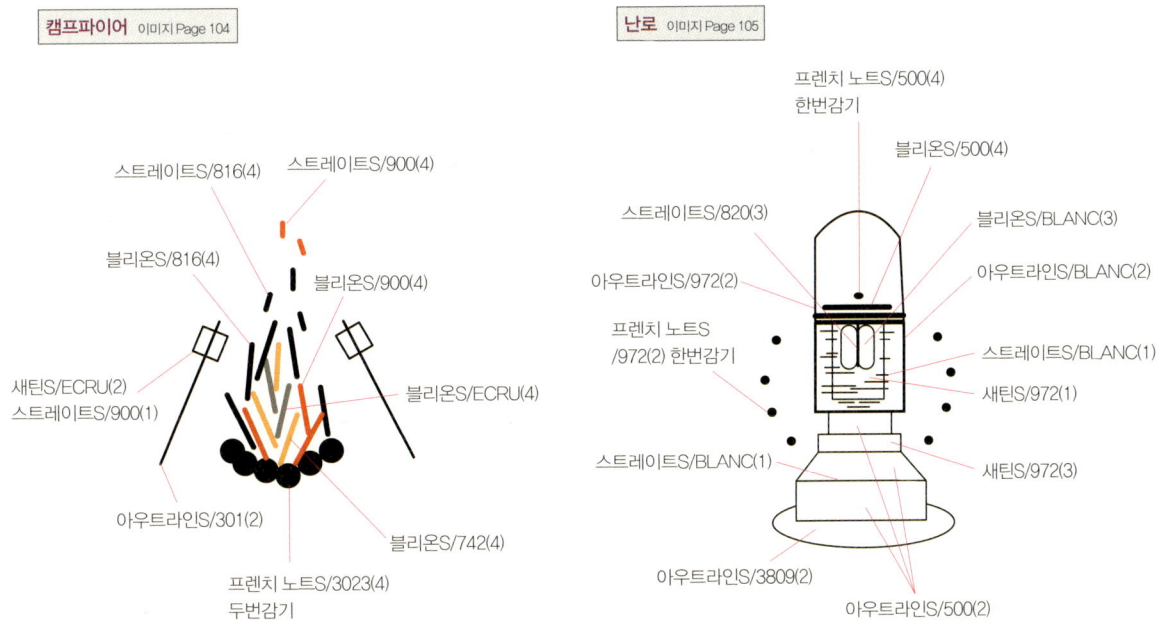

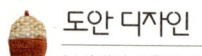
도안 디자인
복사해서 사용하시면 더욱 편리해요.

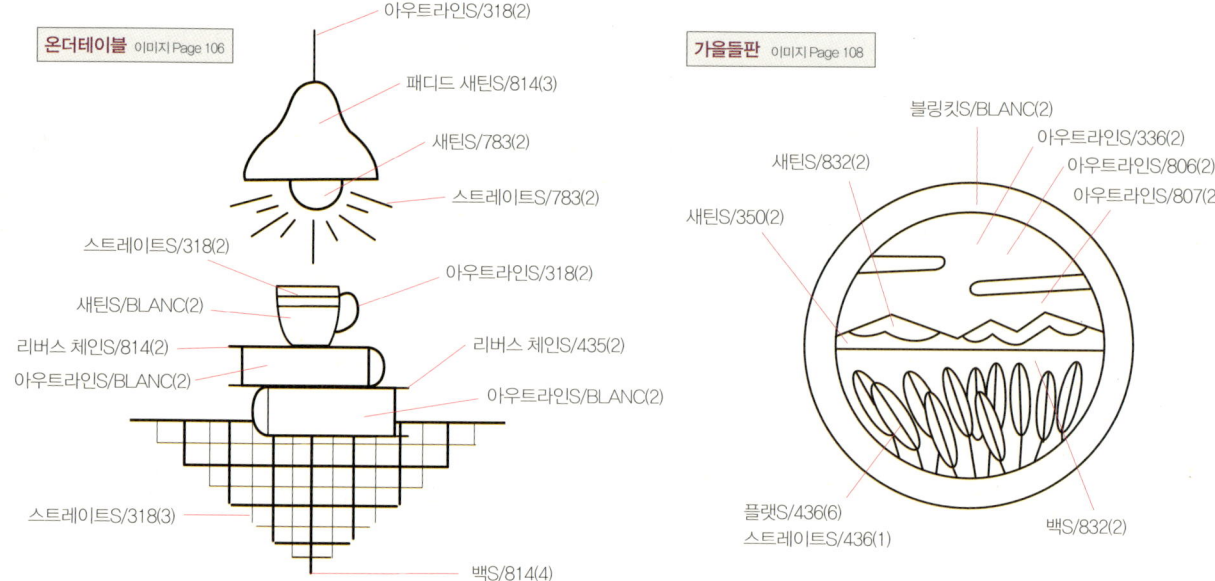

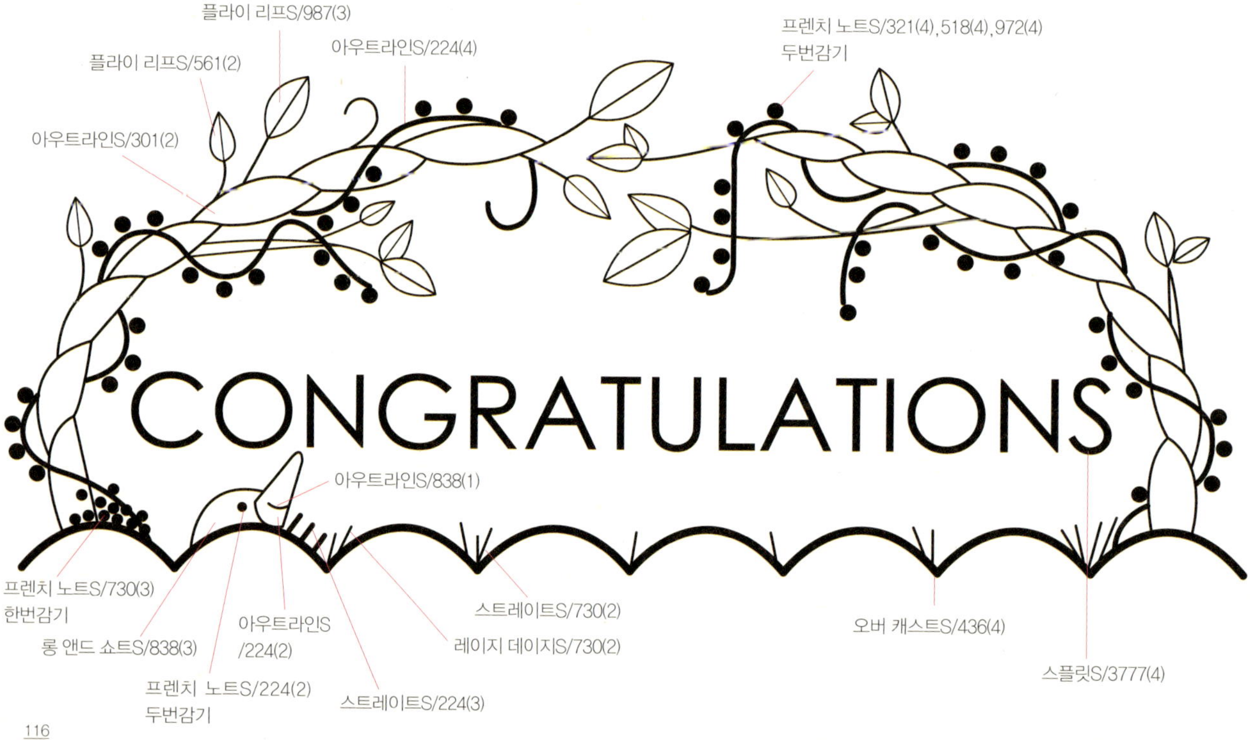

동글이 도토리 이미지 Page 110

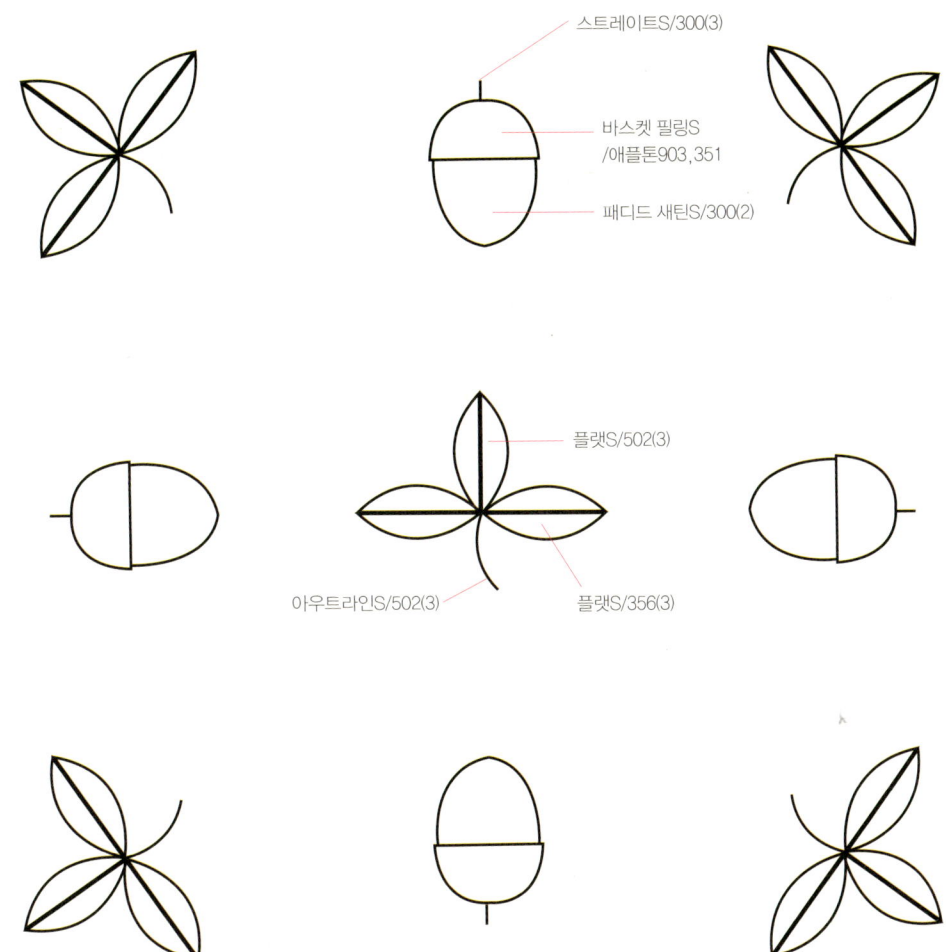

4
Winter's coming

창문을 열었을 때 온 세상이 흰 눈으로 뒤덮힌 겨울 풍경은 마치 동화책 속 한 페이지 같아요. 자수하기 좋은 겨울입니다.

Page 122.

Page 122

Page 123

Page 123

Page 126

Page 128

Page 130

Page 133

Page 134

전 대략 11월부터 본격적인 겨울을 위한 준비에 돌입해요. 옷은 물론이거니와 집안의 패브릭들도 겨울용으로 바뀌고 거실엔 도톰한 러그가 깔리죠. 여기에 크리스마스가 오고 있음을 알려줄 자수 액자까지 걸어두면 완벽하겠죠?

겨울-잎사귀
도안 Page 136

겨울-별
도안 Page 136

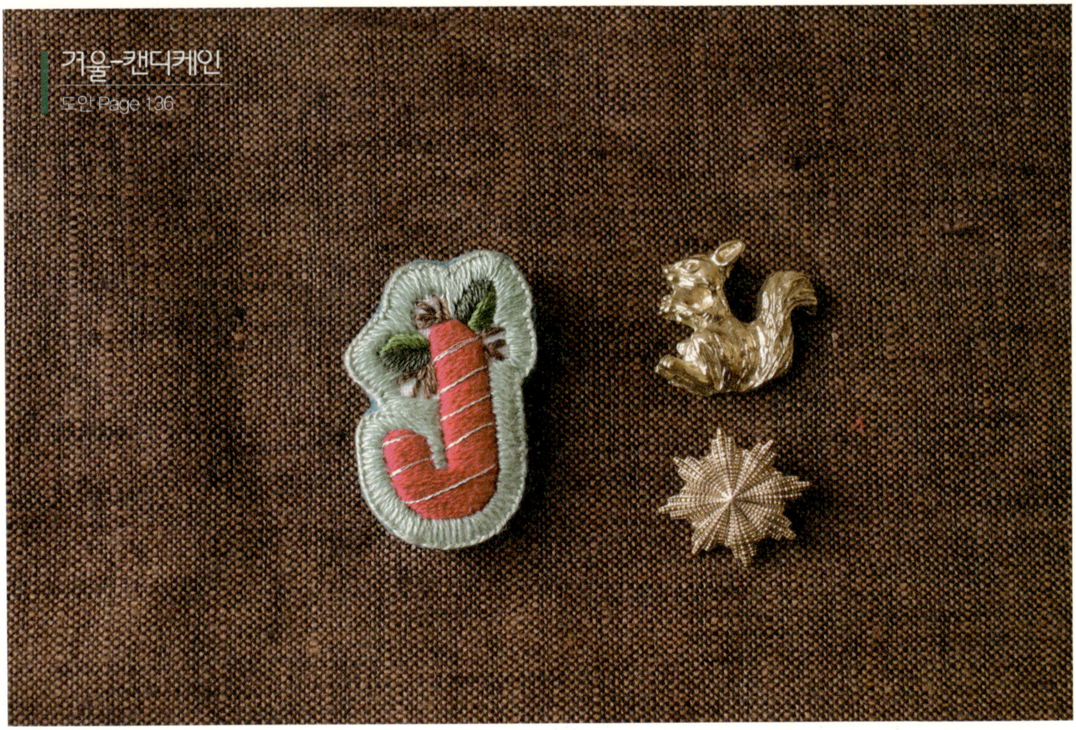

겨울-캔디케인
도안 Page 136

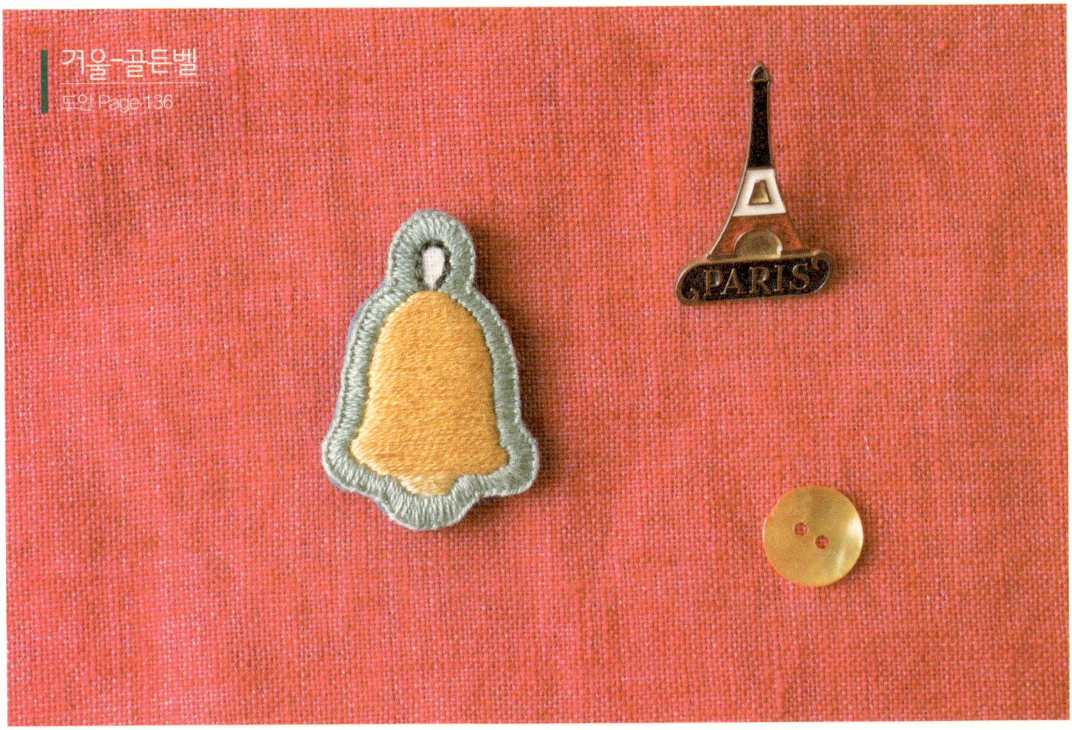

겨울-골든벨
도안 Page 136

메리 크리스마스
도안 Page 137

언제나 저를 위해 조용히 기도해주신 엄마에게 드릴 작은 선물 하나. 딸이지만 표현력이 부족한 저는 말 대신 엄마를 생각하며 'Merry Christmas'를 곱게 수놓아 보았습니다.

겨울 풍경
도안 Page 138

사실 겨울이라는 계절을 좋아하지 않아요. 아무리 껴입어도 좀처럼 적응하기가 힘들어요. 하지만 너무나도 멋진 겨울 풍경은 추운 날씨도 견디게 만드는 것 같아요.

winter bell

도안 Page 140

| 겨울 숲
도안 Page 138

겨울의 숲은 매우 고요하죠. 눈이 내릴 때 집중해서 귀를 귀울이면 마른 풀잎 위에 내려 앉는 소리도 들린답니다.

해피 홀리데이
도안 Page 135

특별한 크리스마스 카드는 별게 없어요. 다만 정성이 들어간다면 특별해져요.

도안 디자인

복사해서 사용하시면 더욱 편리해요.

겨울-잎사귀 이미지 Page 122

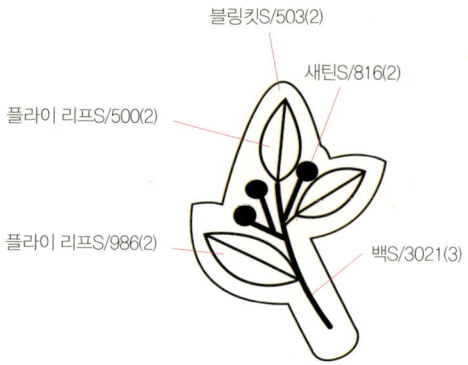

- 블링킷S/503(2)
- 새틴S/816(2)
- 플라이 리프S/500(2)
- 플라이 리프S/986(2)
- 백S/3021(3)

겨울-별 이미지 Page 122

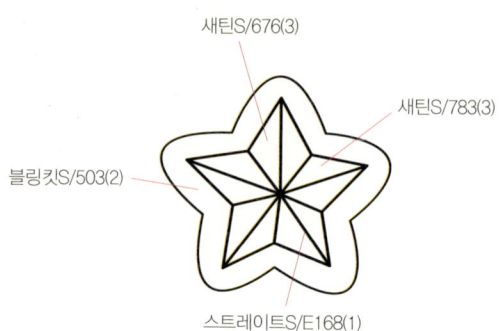

- 새틴S/676(3)
- 새틴S/783(3)
- 블링킷S/503(2)
- 스트레이트S/E168(1)

겨울-캔디케인 이미지 Page 123

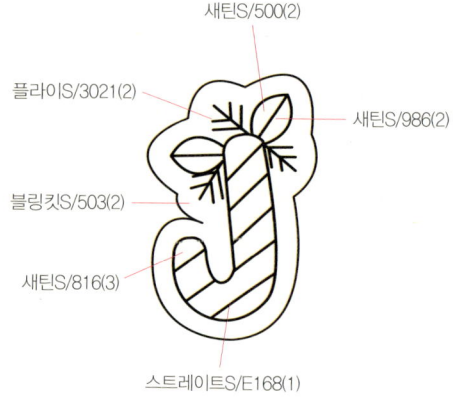

- 새틴S/500(2)
- 플라이S/3021(2)
- 새틴S/986(2)
- 블링킷S/503(2)
- 새틴S/816(3)
- 스트레이트S/E168(1)

겨울-골든벨 이미지 Page 123

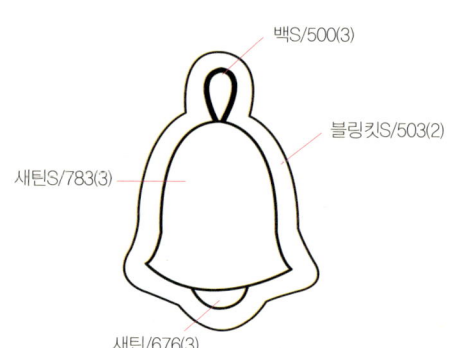

- 백S/500(3)
- 블링킷S/503(2)
- 새틴S/783(3)
- 새틴/676(3)

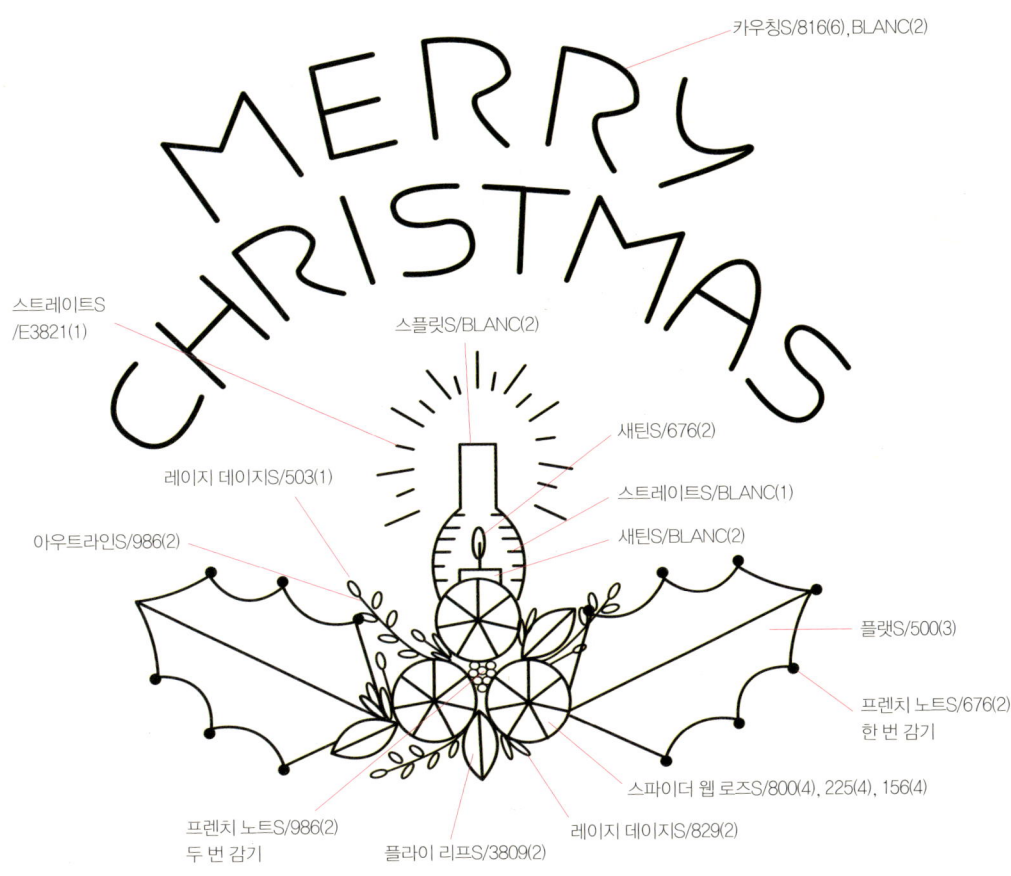

도안 디자인
복사해서 사용하시면 더욱 편리해요.

겨울 풍경 이미지 Page 128

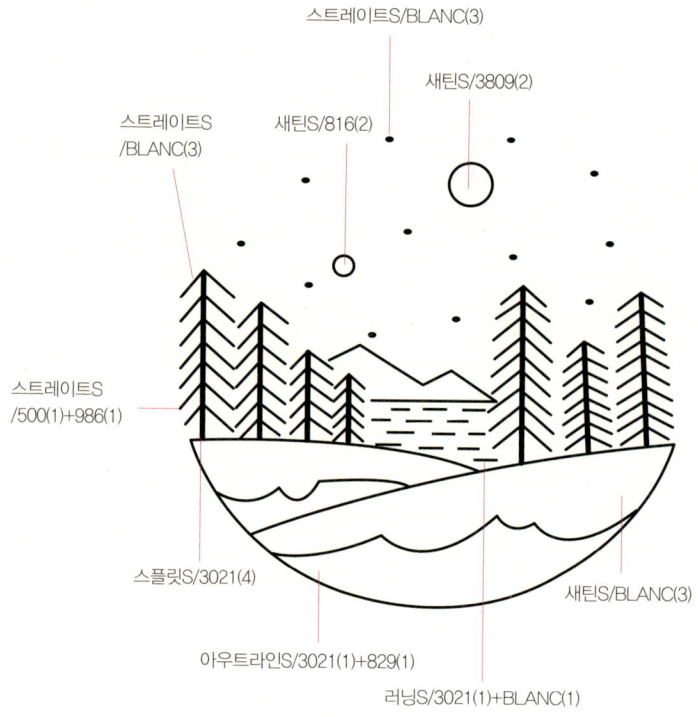

겨울 숲 이미지 Page 133

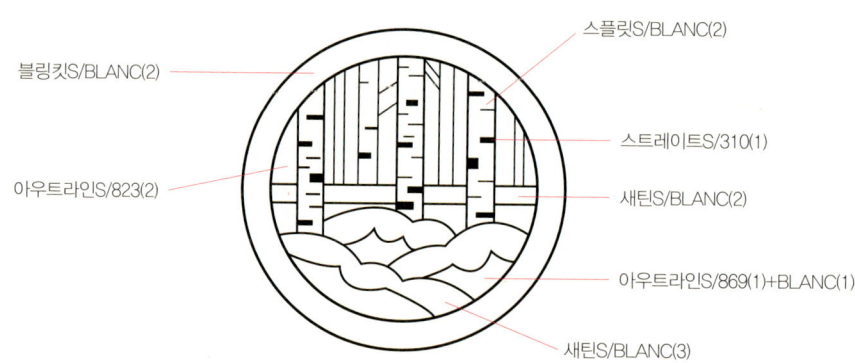

해피 홀리데이 이미지 Page 135

패디드 새틴S/225(2)

블리온S/애플톤991B

패디드 새틴S/816(3)

HAPPY HOLIDAYS

프렌치 노트S/애플톤991B
한번감기

프렌치 노트S/애플톤991B
두번감기

아우트라인S/3819(2)

아우트라인S/318(1)

아우트라인S/597(2)

아우트라인S/436(1)

아우트라인S/760(2)

아우트라인S/823(1)

아우트라인S/838(1)

아우트라인S/318(1),842(1)

아우트라인S/823(1)

아우트라인S/838(1)

아우트라인S/414(1)

프렌치 노트S/413(2),한번감기

프렌치 노트S/애플톤991B
한번감기

오버 캐스트S/838(2)

도안 디자인
복사해서 사용하시면 더욱 편리해요.

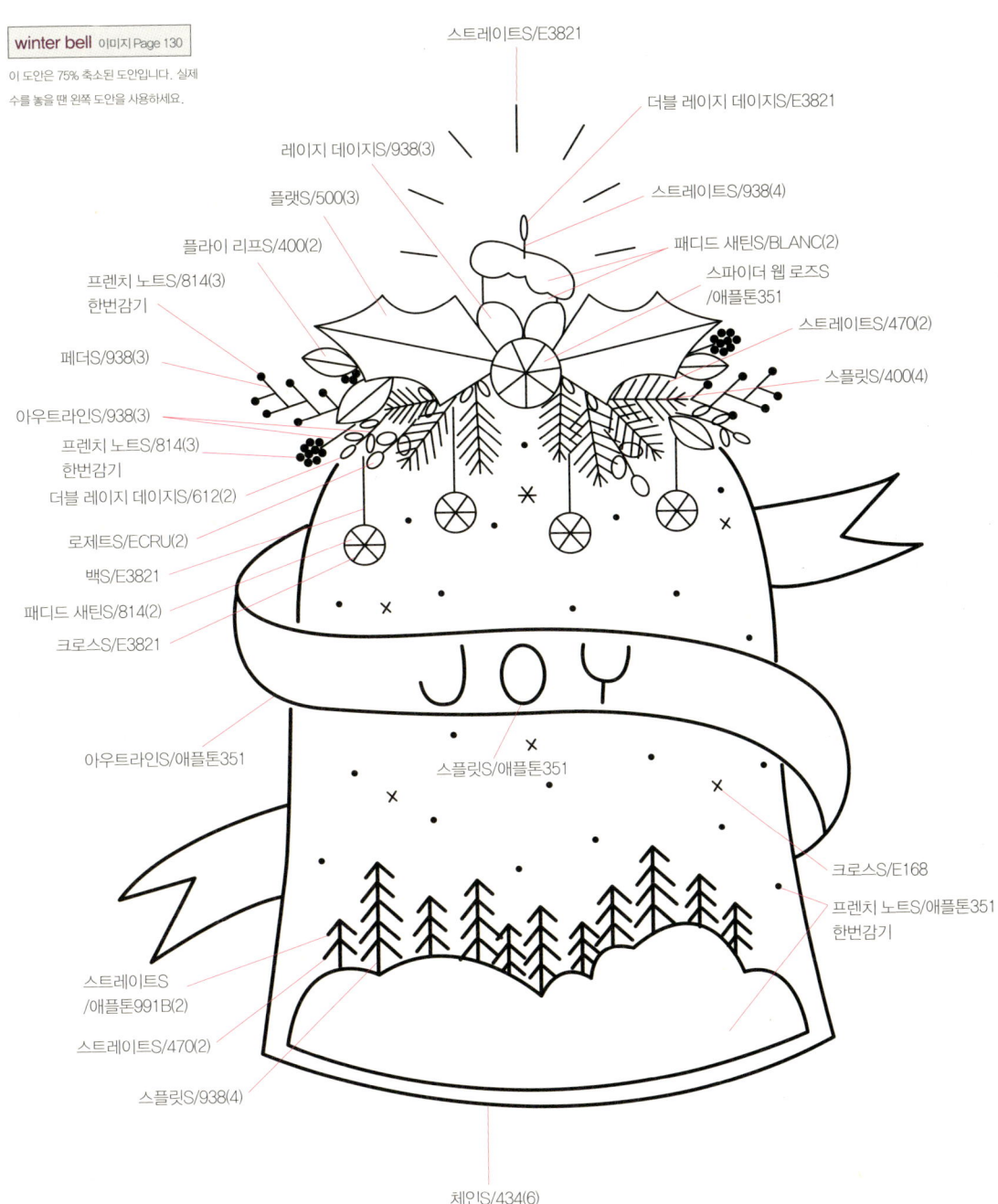

차근 차근 사계절 자수

초판 1쇄 발행   2018년 1월 30일

지은이   안희진
사진   조인숙
디자인   조인숙
소품협찬   www.buttonteashop.com
영업   김성수
인쇄   조광인쇄소

펴낸곳   일삼공
등록번호   제313 _ 2010 _134호 **등록날짜** _ 2010년 05월 01일
주소   서울특별시 마포구 월드컵로 14길 10-9
전화   02 338 8130
팩스   0505 115 8130 **이메일** mrk9805@naver.com
홈페이지   http://post.naver.com/ins4

ISBN   979 11 87096 03 0 13590
판매가   14,800원

이 책은 저작권자와의 계약에 따라 일삼공 출판사가 출판하였습니다.
이 책은 저작권법에 따라 보호받는 저작물이므로 무단 전재와 무단 복제를 금지하며,
이 책 내용의 전부 또는 일부를 이용하려면 저작권자와 일삼공 출판사의 동의를 받아야 합니다.
파본이나 잘못된 책은 구입처에서 교환해드립니다.

Thanks to Amore Pacific
HAPPYBATH(with ILLIYOON)
& Median(with Pleasia)